DATE DUE

APR 8 '96			
OC 1 6 '06			

DEMCO 38-296

LE *FANTÔME* DE L'OPÉRA

National Textbook Company
NTC a division of *NTC Publishing Group* • Lincolnwood, Illinois USA

GASTON LEROUX

LE FANTÔME
DE L'OPÉRA

ADAPTATION DE

FRANK MILANI ET

PAULETTE COLLET

IMPRIMEUR ET RELIEUR: Tri-graphic

Frank Milani et Paulette Collet tiennent à remercier:

M. Patrick Leroux
M. Paul Hassoun, Attaché culturel, Consulat Général de France à Toronto
M. Thierry Breteau, Inspecteur à l'Opéra de Paris
M. et Mme Jack Constantin Collet

PHOTOS:
Bibliothèque nationale de Paris – page titre, 74
Maison de la France à Toronto – 125
The Kobal Collection, London – 55, 101
The Museum of Modern Art, New York – 89
NBC – 8, 9, 33, 41, 46, 52, 60, 62, 69, 122

1994 Printing

This edition first published in 1992 by National Textbook Company,
a division of NTC Publishing Group, 4255 West Touhy Avenue,
Lincolnwood (Chicago), Illinois 60646-1975 U.S.A.
© 1991 by Copp Clark Pitman Ltd.

3 4 5 6 7 8 9 0 VP 9 8 7 6 5 4 3

TABLE DES MATIÈRES

PREFACE

Since its publication in Paris in 1911, *Le fantôme de l'Opéra* has spell-bound four generations of readers around the world. When it first appeared, its author, Gaston Leroux (1868–1927), had already distinguished himself as a lawyer and as a rising new writer of mystery novels. His *Mystère de la chambre jaune* (1908) is considered to be the greatest French masterpiece in that genre. In the more than 30 popular novels that he published during his lifetime, Leroux attracted an enormous readership by creating gripping tales that admittedly teetered from time to time on the edge of improbability.

Le fantôme de l'Opéra, among all of Leroux's literary efforts, has been by far the most successful at capturing the imagination of the reading public at large. From 1911 down to the present day, readers have been moved by the hopeless love of the disfigured Erik for the lovely Christine Daaé. This "Beauty and the Beast" theme, coupled with the rich backdrop of the Paris *Opéra* and its murky underground passages, also made the story a "natural" for adaptation both to film (five versions thus far) and to theater (Andrew Lloyd Webber's spectacular 1986 musical). For more than 80 years, the pathos of Erik's crazed efforts to attain love and beauty have never failed to strike a responsive chord among readers and audiences.

This edition of *Le fantôme de l'Opéra* has been abridged and adapted especially for intermediate students of French. The most exciting scenes have been retained, so that none of the mystery and horror of the original is diminished. Difficult words and expressions have been simplified to promote ease of reading, while vocabulary notes at the bottom of the page and a general French-English Vocabulary at the back of the book make this edition even more accessible to students. Exercises found at the end of every chapter test comprehension, build vocabulary, and encourage active writing and speaking in French.

Through *Le fantôme de l'Opéra*, students will discover the fascination and excitement of reading a great story in French. It is hoped that this experience will encourage many to continue their efforts toward increased mastery of the French language.

CHAPITRE I

EST-CE LE FANTÔME?

Le fantôme de l'Opéra a existé. Il a existé en chair et en os[1].
Ce soir-là, MM[2]. Debienne et Poligny, les directeurs de l'Opéra,
démissionnent. Ils donnent leur dernière soirée de gala[3]. Dans la loge[4]
de la Sorelli, une des premières danseuses, une demi-douzaine de
demoiselles du corps de ballet poussent des cris[5]. La Sorelli demande   5
la raison de tout ce bruit.
    «C'est le fantôme!», dit la petite Cécile Jammes. Elle ferme la
porte à clef. Superstitieuse, la Sorelli a peur.
    «Vous l'avez vu? demande-t-elle.
    — Aussi clairement que je vous vois!» répond la petite Cécile Jammes.   10
    Et aussitôt[6], Meg Giry ajoute:
    «Si c'est lui, il est bien laid!
    — Oh! oui», déclarent les danseuses.
    Le fantôme, en habit noir, est apparu aux danseuses dans le
couloir, tout à coup, comme s'il sortait du mur.   15
    Depuis quelques mois, on parle de ce fantôme en habit noir. Il se
promène comme une ombre dans le bâtiment, ne parle à personne et
personne ne lui parle. Il disparaît aussitôt qu'on le voit[7].
    La légende du fantôme a bientôt pris d'énormes proportions.
Toutes les danseuses disent qu'elles ont rencontré cet être extra-   20
naturel et qu'elles ont été victimes de ses ruses. Il est responsable de

---

1. *en chair et en os*: en réalité
2. *MM.*: Messieurs, pluriel de Monsieur (M.)
3. *soirée de gala*: grande fête ou spectacle
4. *loge*: petite pièce où les artistes s'habillent
5. *poussent des cris*: crient fort
6. *aussitôt*: immédiatement
7. *aussitôt qu'on le voit*: tout de suite, quand on le voit

tous les accidents. Tout est de la faute du fantôme, du fantôme de l'Opéra.

En réalité, qui l'a vu?

C'est Joseph Buquet, chef machiniste, qui a parlé d'un
5 «squelette». Buquet a réellement vu le fantôme. Voici la description que donne Buquet:

«Il est extrêmement maigre et son habit noir flotte sur une forme squelettique. Ses yeux sont si profonds qu'on ne voit que[1] deux grands trous noirs. Sa peau est jaune. Il n'a presque pas de nez,
10 presque pas de cheveux. Ce visage est horrible à voir.»

Joseph Buquet est un homme sérieux. Tout le monde croit son histoire. Beaucoup de gens commencent à dire qu'ils ont vu «un habit noir avec une tête de mort».

Dans sa loge, la Sorelli essaie de calmer les petites danseuses
15 terrorisées:

«Le fantôme? Personne ne l'a peut-être jamais vu!…

— Si, si![2] Nous l'avons vu!… Nous l'avons vu tout à l'heure! Il avait sa tête de mort et son habit, comme le soir où il est apparu à Joseph Buquet!

20 — Joseph Buquet a tort de tant[3] parler, déclare la petite Meg Giry.

— Pourquoi?

— C'est l'opinion de maman.

— Et pourquoi est-ce l'opinion de ta mère?

— Parce que… parce que… rien.»

25 Les demoiselles, curieuses, supplient la petite Meg Giry de s'expliquer.

«J'ai juré de ne rien dire!» murmure Meg.

Mais ses amies insistent et Meg a envie de raconter ce qu'elle sait:

«Voilà… c'est à cause de la loge[4]…

30 — Quelle loge?

— La loge du fantôme!

— Le fantôme a une loge? Oh! mon Dieu! raconte…

— Plus bas! commande Meg. C'est la loge numéro 5.

— Pas possible!

35 — C'est vrai… maman est l'ouvreuse[5] de cette loge… Mais vous me jurez de ne rien raconter?

---

1. *ne… que*: seulement
2. *Si, si!*: Oui, oui! (après un négatif)
3. *tant*: beaucoup
4. *loge*: compartiment où s'assoient plusieurs spectateurs dans un théâtre
5. *ouvreuse*: femme qui place les spectateurs et vend les programmes

— Mais oui, vas-y!

— Eh bien, c'est la loge du fantôme. Depuis un mois, personne ne vient dans cette loge. On a donné l'ordre aux directeurs de la réserver pour le fantôme… exclusivement!

— Et c'est vrai que le fantôme y vient?

— Mais oui…

— Donc, il y a quelqu'un dans la loge?

— Mais non!… *Le fantôme y vient et il n'y a personne.*»

Les petites danseuses ne comprennent rien. Elles disent à Meg que, si le fantôme venait dans la loge, on devait le voir, car il avait un habit noir et une tête de mort. Mais Meg répond:

«Justement! On ne voit pas le fantôme! Et il n'a ni habit ni tête!… Tout ce qu'on raconte sur sa tête de mort, c'est des blagues[1]! Il n'a rien du tout… On l'entend seulement quand il est dans sa loge. Maman ne l'a jamais vu, mais elle l'a entendu. Maman sait tout, car c'est elle qui lui donne le programme.

— Tu te moques de nous», déclare la Sorelli.

En larmes, la petite Meg Giry répond:

«J'aurais mieux fait de me taire[2]… Si maman savait ça! Mais c'est vrai que Joseph Buquet a tort de s'occuper de choses qui ne le concernent pas. Ça lui portera malheur[3]… Maman le disait encore hier soir…»

À ce moment, on entend des pas dans le couloir. Une voix crie: «Meg! Meg! Es-tu là?

— C'est la voix de maman! dit Meg Giry. Qu'y a-t-il?»

Une grosse dame entre, affolée, dans la loge:

«Quel malheur!… Quel malheur!

— Quoi? Quoi?

— Joseph Buquet.

— Eh bien, Joseph Buquet…

— Joseph Buquet est mort! On vient de le trouver pendu dans le troisième dessous[4]!

— C'est le fantôme!» crient les petites danseuses.

La vérité est qu'on n'a jamais su comment Joseph Buquet est mort. Mais, ce qui est étrange, c'est que, quand on est venu pour décrocher le pendu[5], la corde avait disparu.

---

1. *c'est des blagues*: ce n'est pas vrai
2. *J'aurais mieux fait de me taire*: Je regrette d'avoir trop parlé
3. *Ça lui portera malheur*: Il aura de la malchance
4. *le troisième dessous*: le troisième étage sous le sol
5. *décrocher le pendu*: détacher le corps de Joseph Buquet

ℰXERCICES

A. Trouvez les mots qui manquent et complétez les phrases.

1. MM. Debienne et Poligny, les _____ de l'Opéra, démissionnent.

2. La _____ est une des premières danseuses.

3. On parle de ce fantôme en _____ _____ .

4. Le fantôme est responsable de tous les _____ .

5. Le chef machiniste s'appelle _____ _____ .

6. La mère de Meg Giry travaille comme _____ .

7. Meg dit que la loge _____ ____ est réservée au fantôme.

8. Madame Giry ____ : «Meg! Meg!»

9. On a trouvé le corps de Joseph Buquet dans le _____
   _____ .

10. Quand on est venu décrocher le pendu, la _____ avait disparu.

B. Trouvez dans le texte un **synonyme** des mots en italique.

1. Les directeurs de l'Opéra *donnent leur démission*.

2. *Six* demoiselles du corps de ballet poussent des cris.

3. Le fantôme est apparu dans le *corridor*.

4. Il se promène dans *l'édifice*.

5. Ce qui est *bizarre*, c'est la disparition de la corde.

C. Trouvez dans le texte le **contraire** des mots en italique.

1. Il est bien *beau*.

2. Il *a beaucoup* de cheveux.

3. Il est extrêmement *gros*.

4. Plus *haut*!

5. Ça lui portera *bonheur*.

D. Donnez des mots de la même famille que les suivants.

1. soirée
2. danser
3. raconter
4. mort
5. chant

COMMUNICATION

E. À vous la parole!

«Mais ce qui est étrange, c'est que, quand on est venu pour décrocher le pendu, la corde avait disparu.»

À votre avis, où est la corde? Comment a-t-elle disparu?

F. Le suspense

Trouvez dans ce chapitre, six mots ou expressions qui aident à créer du suspense.

G. Activité de groupe

Travaillez avec un(e) partenaire. Pensez à un personnage de roman ou de film qui est à la fois célèbre et sinistre. Décrivez ce personnage. Votre partenaire doit deviner l'identité du personnage que vous décrivez. Échangez vos descriptions avec un autre groupe.

PROJET

Saviez-vous que:

1. La construction de l'Opéra a duré 13 ans (1862-1875)?
2. L'Opéra de Paris était le plus grand théâtre du monde à la fin du XIXe siècle?
3. L'Opéra a cinq étages de loges?

Faites des recherches sur un autre monument historique de Paris. Pensez à un monument célèbre de votre pays. Décrivez ce monument.

CHAPITRE II

CHRISTINE ET RAOUL

Au foyer de la danse[1], tout le monde parle de Christine Daaé. Christine a remplacé au gala la première chanteuse, Carlotta, mystérieusement absente ce soir-là. Jamais on n'a entendu une voix si belle, surhumaine presque.

Le vicomte[2] Raoul de Chagny, qui appartient à une illustre   5
famille de France, a assisté[3] au triomphe de Christine. Il est follement amoureux de la Daaé. Oui, Raoul l'aime. Il l'aime depuis le jour où Christine, qu'il a connue toute petite, est réapparue.

Le vicomte a remarqué qu'au moment où elle quittait la scène, Christine était malade. Quand Raoul arrive à la loge de Christine, le   10
docteur du théâtre est déjà là. Il soigne Christine. Bientôt, elle ouvre les yeux. Elle voit près d'elle ce jeune homme qu'elle ne connaît pas.

«Monsieur, demande-t-elle d'une voix très faible, qui êtes-vous?

— Mademoiselle… mademoiselle, je suis le petit enfant qui est allé ramasser votre écharpe dans la mer.»   15

Christine regarde le docteur et sa femme de chambre et les trois se mettent[4] à rire. Raoul se relève, très rouge.

«Mademoiselle, puisque vous ne voulez pas me reconnaître, permettez-moi de vous dire quelque chose de très important.

— Quand j'irai mieux, monsieur, voulez-vous?… et sa voix   20
tremble. Vous êtes très gentil.

— Mais il faut[5] sortir, ajoute le docteur. Mademoiselle est malade.

---

1. *foyer de la danse*: lieu où se rencontrent danseuses et spectateurs
2. *vicomte*: titre de noblesse
3. *a assisté*: était présent
4. *se mettent*: commencent
5. *il faut*: vous devez

— Je ne suis pas malade», dit tout à coup Christine avec une énergie soudaine.

Mais le docteur met Raoul à la porte. Le jeune homme reste seul dans le couloir. Caché dans un coin de porte, il attend. Soudain la porte de la loge s'ouvre. La femme de chambre et le docteur sortent. Raoul leur demande des nouvelles de Christine. Ils répondent que mademoiselle Daaé va très bien, mais qu'elle désire rester seule. Raoul pense qu'elle veut rester seule *pour lui*! Il va frapper à la porte, quand il entend une voix d'homme qui dit:

«Christine, *il faut* m'aimer!»

Et la voix de Christine, douloureuse[1], tremblante, répond:

«Comment pouvez-vous me dire cela? *Moi qui chante pour vous seul.*

---

1. *douloureuse*: très triste

— Vous devez être bien fatiguée?

— Oh! ce soir je vous ai donné mon âme et je suis morte.

— Ton âme est bien belle, mon enfant. *Les anges ont pleuré ce soir.*»

Après ces mots, le vicomte n'entend plus rien. Il se cache dans son coin pour attendre le départ de l'homme. Au même moment, il vient d'apprendre l'amour et la haine. Il sait qu'il aime Christine. Mais il veut connaître l'homme qu'il déteste. À sa grande stupéfaction, la porte s'ouvre et Christine sort, seule. Elle referme la porte, mais pas à clef. Le couloir est désert; Raoul entre dans la loge et referme la porte. Il est dans la plus complète obscurité.

«Il y a quelqu'un ici? demande Raoul... Si vous ne me répondez pas, vous êtes un lâche[1]! Mais, je vais vous démasquer!»

Et il fait craquer[2] une allumette. Il n'y a personne dans la loge! Raoul ferme la porte à clef, allume les lampes et cherche partout. Rien!

«Est-ce que je deviens fou?» dit-il à haute voix.

Il reste dix minutes à écouter le sifflement[3] du gaz des lampes. Tristement, il sort.

---

1. *vous êtes un lâche*: vous n'avez pas de courage
2. *fait craquer*: allume
3. *sifflement*: bruit

$\mathcal{E}$XERCICES

COMPRÉHENSION

A. Vrai ou faux?

1. Carlotta, la première chanteuse, est mystérieusement absente du gala.

2. Christine Daaé remplace la première chanteuse.

3. Le vicomte Raoul de Chagny est follement amoureux de Carlotta.

4. Raoul connaît Christine depuis leur enfance.

5. Le docteur entre dans la loge de Christine après Raoul.

6. Christine désire rester seule dans sa loge.

7. Raoul entend une voix d'homme dans la loge de Christine.

8. Quand Christine sort de la loge, Raoul lui parle d'un ton fâché.

9. Christine laisse les lampes allumées.

10. Raoul ne trouve personne dans la loge.

B. Trouvez dans le texte un **synonyme** des mots en italique.

1. Carlotta *n'était pas présente* ce soir-là.

2. Raoul a assisté au *grand succès* de Christine.

3. Le *médecin* du théâtre entre dans la loge.

4. Elle voit *à côté* d'elle un jeune homme.

5. Les trois *commencent* à rire.

C. Trouvez dans le texte le **contraire** des mots en italique.

1. Raoul *sort de* la loge de Christine.

2. Christine *ferme* les yeux.

3. Les anges ont *ri* ce soir.

4. Raoul attend *l'arrivée* de l'homme.

5. Le couloir est *rempli de monde.*

D. Donnez des mots de la même famille que les suivants.

1. surhumaine
2. famille
3. important
4. gentil
5. malade

COMMUNICATION

E. À vous la parole!

À votre avis, comment «l'homme» est-il sorti de la loge?

F. Le suspense

Comment Gaston Leroux crée-t-il du suspense dans la dernière scène de ce chapitre?

G. Activité de groupe

Avec votre groupe, jouez le chapitre.
Voici les rôles principaux: Christine Daaé, le vicomte Raoul de Chagny, le docteur du théâtre, la femme de chambre et la voix d'homme.

PROJET

MINI-SONDAGE SUR LA POPULARITÉ DE L'OPÉRA

Faites un sondage auprès de trois personnes pour connaître leur opinion sur l'opéra. Parlez à:

a) une personne de votre âge
b) une personne qui a au moins cinq ans de plus que vous
c) une personne qui a au moins deux fois votre âge

Présentez les résultats de votre mini-sondage à la classe.

CHAPITRE III

LES ORDRES DU FANTÔME

Au foyer de la danse, la Sorelli commence son discours d'adieu[1] à MM. Debienne et Poligny. Tout à coup, la petite Cécile Jammes pousse un cri:

«Le fantôme de l'Opéra!»

Et son doigt indique dans la foule un visage blême, lugubre et laid; une véritable tête de mort. On se bouscule[2], on veut le voir. Mais il disparaît, bientôt suivi de MM. Debienne et Poligny. Ceux-ci[3] doivent souper en compagnie de leurs amis et des nouveaux directeurs, MM. Armand Moncharmin et Firmin Richard.

MM. Debienne et Poligny viennent de s'asseoir à la table. Tout à coup, on remarque à l'autre bout le visage qu'on avait vu au foyer de la danse, le visage du fantôme de l'Opéra! L'homme à la tête de mort se met à parler:

«Les danseuses ont raison, dit-il. La mort de ce pauvre Joseph Buquet n'est peut-être pas si naturelle, après tout.»

Plus pâles que la nappe, MM. Debienne et Poligny vont immédiatement dans leur bureau.

MM. Richard et Moncharmin les suivent. Debienne et Poligny conseillent[4] fortement aux nouveaux directeurs de donner au fantôme tout ce qu'il demande. La mort de Joseph Buquet leur a prouvé une chose — une chose certaine: chaque fois qu'ils ont désobéi au fantôme, il y a eu un événement tragique.

---

1. *discours d'adieu*: discours prononcé quand une personne part (quitte son emploi, par exemple)
2. *on se bouscule*: on se pousse
3. *ceux-ci*: MM. Debienne et Poligny
4. *conseillent*: recommandent

«Mais enfin, qu'est-ce qu'il veut, ce fantôme-là?» demande Richard.

M. Poligny apporte le cahier de charges. Ce cahier de charges donne la liste des responsabilités des directeurs. M. Poligny attire l'attention de M. Richard sur[1] une note écrite à l'encre rouge, d'une écriture d'enfant.

Et la note dit:

> *Le directeur donnera au fantôme de l'Opéra la somme de 20 000 francs par mois, 240 000 francs par an.*

«C'est tout? ricane Richard.

— Non», répond Poligny.

Il feuillette le cahier[2] de charges. Puis, il lit:

> *Article 63: La loge numéro 5 sera réservée uniquement pour le fantôme de l'Opéra.*

«Évidemment, déclare très sérieusement M. Poligny, 240 000 francs est une somme considérable. Et la réservation de la loge numéro 5 pour le fantôme est aussi une perte. Vraiment, nous ne travaillons pas pour entretenir[3] des fantômes. Nous préférons démissionner!

— Mais, dit Richard, vous êtes bien bons pour ce fantôme. Pourquoi ne pas appeler la police?

— Mais où? Comment? répondent en même temps MM. Debienne et Poligny.

— Mais quand il vient dans sa loge?

— *Nous ne l'avons jamais vu dans sa loge.*

— Alors, louez-la.

— Louer la loge du fantôme de l'Opéra! Eh bien, messieurs, essayez!»

Après le départ de MM. Debienne et Poligny, Richard et Moncharmin rient de bon coeur[4]. Les premiers jours, les deux associés sont tout heureux[5] d'être les nouveaux maîtres d'une aussi vaste et belle entreprise. Ils ont complètement oublié cette curieuse histoire de fantôme.

---

1. *attire l'attention de...sur*: indique à, montre à
2. *Il feuillette le cahier*: Il tourne les pages du cahier
3. *entretenir*: nourrir, faire vivre
4. *rient de bon coeur*: rient très joyeusement
5. *tout heureux*: très heureux

Un matin, M. Richard reçoit une lettre troublante, écrite à l'encre rouge. Il reconnaît tout de suite l'écriture enfantine[1] du cahier de charges. Voici ce qu'il lit:

Mon cher directeur,

    Je regrette de venir vous troubler. Ce soir, je désire entendre   5
*Christine Daaé. J'ai appris que vous aviez loué ma loge. J'ai été
désagréablement surpris. Ne la louez plus, s'il vous plaît!
Si vous voulez la paix, il ne faut pas louer ma loge!
Votre très humble et très obéissant serviteur.*

Signé: F. de l'Opéra   10

M. Richard termine la lecture de sa lettre au moment où[2] M. Moncharmin entre. À la main, il a une lettre identique à celle[3] de son collègue. Les deux directeurs ne croient pas aux fantômes. Ils pensent que MM. Debienne et Poligny désirent tout simplement la loge pour eux-mêmes. Ils décident donc d'envoyer un billet pour la   15 loge numéro 5 aux anciens directeurs.

    Le lendemain, Richard et Moncharmin reçoivent une carte du fantôme:

Mon cher Directeur,

    Merci. Charmante soirée. Daaé exquise. Écrirai bientôt pour   20
*les 240 000 francs.
Serviteur.*

F. de l'O.

Ils trouvent aussi une note de MM. Poligny et Debienne:

Messieurs,   25

    *Nous vous remercions de votre aimable attention, mais nous
n'avons pas le droit d'occuper la loge numéro 5. Elle appartient
exclusivement au fantôme de l'Opéra.*

Veuillez agréer, messieurs[4]*, etc.*

    «Ah! ils commencent à m'ennuyer, ces gens-là[5]!» déclare M.   30 Richard.

    Ce soir-là, les nouveaux directeurs ont loué la loge numéro 5.

---

1. *enfantine*: d'enfant
2. *au moment où*: quand
3. *celle*: la lettre
4. *Veuillez agréer, messieurs*: formule de politesse (incomplète)
5. *ces gens-là*: ces personnes-là (les anciens directeurs et le fantôme)

ℰXERCICES

A. Complétez la colonne A à l'aide des expressions de la colonne B.

A	**B**
1. On veut voir le fantôme, mais…	a. un événement tragique
2. La mort de… n'est peut-être pas naturelle.	b. pour le fantôme de l'Opéra
3. Chaque fois qu'ils ont désobéi au fantôme, il y a eu…	c. entretenir
4. La note est écrite…	d. de bon coeur
5. La loge numéro 5 sera réservée…	e. n'ont pas le droit
6. Ils ne travaillent pas pour… des fantômes.	f. il disparaît
7. Richard et Poligny rient…	g. Joseph Buquet
8. M. Richard reconnaît tout de suite…	h. à l'encre rouge
9. Les deux directeurs… aux fantômes.	i. l'écriture enfantine
10. MM. Debienne et Poligny… d'occuper la loge numéro 5.	j. ne croient pas

B. Trouvez dans le texte un **synonyme** des mots en italique.

1. *Soudain*, la petite Cécile Jammes pousse un cri.
2. Son doigt indique un visage *pâle*.
3. MM. Debienne et Poligny vont *tout de suite* dans leur bureau.
4. Les deux associés sont les nouveaux *directeurs* d'une vaste et belle entreprise.
5. Ce soir, je *veux* entendre Christine Daaé.

C. Trouvez dans le texte le **contraire** des mots en italique.

1. La Sorelli *finit* son discours d'adieu.
2. Les danseuses *ont tort.*

3. La réservation de la loge numéro 5 est aussi *un gain.*

4. Les *anciens* maîtres sont tout heureux.

5. J'ai été *agréablement* surpris.

D. Donnez des mots de la même famille que les suivants.

1. complète

2. pâle

3. bons

4. naturelle

5. écriture

COMMUNICATION

E. À vous la parole!

1. MM. Debienne et Poligny sont ridicules parce que...

2. «Ce soir-là, les nouveaux directeurs ont loué la loge numéro 5». Qu'est-ce qui arrivera? Vos prédictions?

F. Le suspense

L'auteur veut faire peur au lecteur. Trouvez des passages qui sont particulièrement effrayants.

G. Activité de groupe

M. Poligny déclare: «240 000 francs est une somme considérable». Travaillez avec votre groupe et renseignez-vous sur:

a) l'argent français

b) la valeur du dollar en francs français

c) la valeur de 500 000 francs en dollars

PROJET

Vous êtes M. Richard, le nouveau directeur de l'Opéra. Vous tenez un journal. Décrivez dans ce journal, vos deux premières semaines à l'Opéra.

CHAPITRE IV

L'ANGE DE LA MUSIQUE

Après son succès à l'Opéra, Christine ne chante plus. Elle semble avoir peur d'un nouveau triomphe.

Le vicomte de Chagny ne la rencontre nulle part[1]. Il décide de lui écrire. Un matin, il reçoit la lettre suivante:

> *Monsieur,*
>
> *Je n'ai pas oublié le petit garçon qui est allé chercher mon écharpe dans la mer. Je pars pour Perros[2]. C'est demain l'anniversaire de la mort de mon pauvre papa. Il est enterré là-bas, dans le cimetière. Rappelez-vous! Petits, nous avons joué à Perros. Là, au bord de la route, je vous ai dit adieu[3]!*
>
> *Christine*

Raoul décide de partir pour Perros. Dans le train, il rêve de Christine. Il se rappelle l'histoire de la petite chanteuse.

Le père Daaé vivait à la campagne avec sa femme et sa fille. Ce paysan suédois était un violoniste remarquable. Après la mort de sa femme, il a décidé d'aller chercher la gloire à la ville. Christine avait alors six ans. Mais dans la grande ville, le père et l'enfant ont connu la misère[4]. Pour gagner sa vie, il allait dans les campagnes jouer du violon. Parfois, Christine chantait.

Un jour, un ami, monsieur Valérius, qui admirait leur talent, les a emmenés à Paris. Là, Christine étudiait la musique. Quand la famille Valérius passait ses vacances à Perros, le père Daaé et sa fille allaient

---

1. *nulle part*: (à) aucun endroit
2. *Perros*: village de Bretagne
3. *adieu*: au revoir (pour toujours ou pour longtemps)
4. *la misère*: la pauvreté

parfois dans les villages jouer et chanter. Mais ils le faisaient pour le plaisir, ils n'acceptaient pas d'argent.

Un jour, un jeune garçon de la ville a suivi la petite fille à la voix si douce. Un grand vent a emporté l'écharpe de Christine dans la mer.

«Attendez, mademoiselle», a dit une voix.

Et le petit garçon est entré tout habillé dans l'eau. Il a rapporté à Christine son écharpe. Les enfants ont beaucoup ri. Christine a embrassé le petit garçon. Ce petit garçon était le vicomte de Chagny.

Pendant tout l'été, ils ont souvent joué ensemble. Le père Daaé donnait des leçons de violon au jeune vicomte. Il racontait de belles histoires aux enfants. Il leur parlait d'une petite fille qui désirait une seule chose: entendre chanter l'Ange de la musique.

Christine était fascinée. Elle demandait des explications à son père. Il disait que tous les grands musiciens reçoivent la visite de l'Ange. Ils ne le voient pas, mais ils l'entendent. On dit que ces musiciens ont du génie[1].

Un jour, Christine a demandé à son père:

«Avez-vous entendu l'Ange?

— Non, a-t-il répondu. Mais toi, mon enfant, tu l'entendras un jour. Quand je serai au ciel, je te l'enverrai, je te le promets.»

L'automne est venu. Raoul et Christine se sont séparés. Trois ans plus tard, ils se sont revus. Au bord de la route, Raoul a baisé la main de Christine et lui a dit:

«Mademoiselle, je ne vous oublierai jamais!»

Christine Daaé, la simple chanteuse, ne pouvait pas être la femme d'un vicomte.

Christine a essayé d'oublier Raoul. Elle se donnait entièrement à sa musique et faisait des progrès merveilleux. Mais, après la mort de son père, elle a perdu son enthousiasme. Quand il allait l'entendre à l'Opéra, Raoul remarquait qu'elle chantait moins bien. Puis, la soirée de gala! Une voix d'ange sur la terre et, pour Raoul, l'amour fou[2].

Ensuite, il y a eu la voix d'homme derrière la porte et personne dans la loge…

Raoul entre à l'auberge du Soleil Couchant, à Perros. Il attend dans la grande salle. Tout à coup, une porte s'ouvre. C'est Christine. Elle est si belle. Ils se regardent longuement. Enfin, Christine parle:

«Vous êtes venu. Je le savais. Quelqu'un me l'a dit.

---

1. *du génie*: un talent surnaturel
2. *l'amour fou*: un amour très fort, irrésistible

— Qui? demande Raoul.

— Mais, mon pauvre papa qui est mort.»

Il y a un silence, puis Raoul demande:

«Est-ce que votre papa vous a dit que je vous aimais, Christine? Est-ce qu'il vous a dit que je ne peux pas vivre sans vous?» 5

Christine rougit. Elle dit, la voix tremblante:

«Sans moi? Vous êtes fou, mon ami.» Et elle essaie de rire.

«Ne riez pas, Christine, c'est très sérieux.»

Christine rit, mais ses yeux sont tristes. Raoul l'interroge:

«Quand vous m'avez vu dans votre loge, pourquoi avez-vous ri? 10 Pourquoi avez-vous dit que vous ne me connaissiez pas?»

Christine ne dit rien.

«Vous ne répondez pas! dit-il, furieux et malheureux. Eh bien! Je vais répondre pour vous, moi! Il y avait quelqu'un dans cette loge, Christine. Un autre homme! 15

— De qui parlez-vous? demande la jeune femme. Quel autre homme?

— L'homme à qui vous avez dit: *Je chante pour vous seul! Je vous ai donné mon âme ce soir et je suis morte!*»

Christine a saisi[1] le bras de Raoul: 20

«Vous écoutiez derrière la porte?

— Oui, parce que je vous aime… Et j'ai tout entendu.

— Vous avez entendu quoi?

— Il vous a dit: *Il faut m'aimer!*»

Christine pâlit[2]. Elle va tomber. Raoul se précipite[3], mais elle 25 trouve la force de parler:

«Dites! Dites encore! Qu'avez-vous entendu?»

Raoul la regarde et il hésite.

«Mais dites donc! Vous voyez bien que vous me faites mourir!

— Il a dit: *Ton âme est si belle, mon enfant. Les anges ont pleuré ce* 30 *soir!*»

Christine regarde Raoul comme une folle. Il est épouvanté[4]. Christine pleure.

«Christine!…

— Raoul!…» 35

Le jeune homme s'avance. Il veut prendre Christine dans ses bras, mais elle court à sa chambre.

---

1. *a saisi*: a pris avec force
2. *pâlit*: devient pâle
3. *se précipite*: court vers
4. *Il est épouvanté.*: Il a très peur.

ℰXERCICES

A. Rétablissez l'ordre chronologique des événements suivants.

 a. Dans le train, Raoul rêve de Christine.

 b. Un matin, Raoul reçoit une lettre de Christine.

 c. Un jour, un jeune garçon de la ville a suivi la petite fille.

 d. Raoul entre à l'auberge du Soleil Couchant.

 e. Raoul dit qu'il y avait quelqu'un dans la loge.

 f. Le père Daaé parlait de l'Ange de la musique aux enfants.

 g. Il a promis à Christine de lui envoyer l'Ange.

 h. Christine écrit qu'elle part pour Perros.

 i. Christine et son père allaient parfois dans les villages.

 j. Raoul interroge Christine qui ne répond pas.

B. Trouvez dans le texte un **synonyme** des mots en italique.

 1. Il *prend la décision* de lui écrire.

 2. Je *me rappelle* le petit garçon.

 3. Le père et l'enfant ont connu *la pauvreté*.

 4. Quand je serai *au paradis*, je t'enverrai l'Ange.

 5. Christine *devient rouge*.

C. Trouvez dans le texte le **contraire** des mots en italique.

 1. *Un soir*, il reçoit une lettre.

 2. Il *a oublié* l'histoire de la petite chanteuse.

 3. Le père Daaé vivait *en ville*.

 4. Les enfants ont beaucoup *pleuré*.

 5. Christine a essayé de *se rappeler* Raoul.

D. Donnez des mots de la même famille que les suivants.

1. nouveau
2. décide
3. partir
4. femme
5. fille

COMMUNICATION

E. À vous la parole!

1. Le père Daaé a tort de parler aux enfants de l'Ange de la musique parce que…
2. Christine a essayé d'oublier Raoul parce que…

F. L'amour

Trouvez dans le texte, quatre phrases où Raoul déclare son amour à Christine.

G. Activité de groupe

Raoul rencontre un ami dans le train. Il lui parle de Christine et l'ami pose des questions. Que disent-ils? Écrivez et jouez le dialogue.

PROJET

Vous êtes le réalisateur/la réalisatrice d'un nouveau film. Trouvez, dans ce chapitre, deux épisodes importants. Choisissez A ou B.

A. Quelles images doivent être filmées de près? Quelles images doivent être filmées de loin? Pour quelles raisons?

B. Faites la mise en scène de ce chapitre à partir de l'arrivée de Raoul à Perros.

CHAPITRE V

AU CIMETIÈRE DE PERROS

Triste et découragé, Raoul va au cimetière qui entoure l'église. Contre un mur, il y a de nombreux squelettes et des crânes. Raoul entre dans l'église. Il prie pour le père Daaé. Puis, il va s'asseoir au bord de la mer. Le soir tombe. Tout à coup, Christine est là.

«Écoutez-moi, Raoul. Je dois vous dire une chose, une chose très grave!» Sa voix tremble: 5

«Vous rappelez-vous, Raoul, la légende de l'Ange de la musique?

— Bien sûr!

— C'est ici que mon père m'a dit: *Quand je serai au ciel, je te l'enverrai.* Eh bien, Raoul, mon père est au ciel et j'ai reçu la visite de 10 l'Ange de la musique, dans ma loge. C'est là qu'il vient, chaque jour, me donner des leçons.»

Le ton de ses paroles est étrange. Raoul regarde Christine comme si elle était folle.

«Dans votre loge? répète-t-il, comme un écho stupide. 15

— Oui, c'est là que je l'ai entendu, et je ne suis pas la seule.

— Qui l'a entendu encore?

— Vous, mon ami.

— Moi? J'ai entendu l'Ange de la musique?

— Oui, l'autre soir. C'est l'Ange qui parlait quand vous écoutiez 20 derrière la porte. C'est lui qui a dit: *Il faut m'aimer.*»

Raoul éclate de rire[1]. Christine demande, hostile:

«Pourquoi riez-vous? Vous croyez peut-être que vous avez entendu une voix d'homme?

— C'est évident! 25

— Mais que croyez-vous donc? Je suis une honnête fille, moi,

---

1. *éclate de rire*: rit très fort

monsieur le vicomte de Chagny. Pourquoi n'avez-vous pas ouvert la porte de la loge? Je vous assure qu'il n'y avait personne.

— C'est vrai! Après votre départ, j'ai ouvert la porte et la loge était vide.

— Vous voyez bien… alors?

— Alors, Christine, je pense qu'on se moque de vous!»

Elle pousse un cri et s'enfuit[1].

Raoul rentre à l'auberge, très malheureux. Il apprend que Christine s'est enfermée dans sa chambre. Il dîne seul et se couche, mais il ne peut pas dormir.

Vers onze heures et demie, il entend du bruit. Il entrouvre[2] sa porte et voit Christine qui sort. Il la suit.

Le lendemain, on rapporte à l'auberge le jeune homme, glacé, plus mort que vif[3]. On l'a trouvé devant la petite église de Perros. Avec l'aide de Christine, l'aubergiste soigne Raoul. Il revient vite à la vie.

Que s'est-il passé? Le commissaire[4] Mifroid a interrogé Raoul sur les événements de la nuit de Perros. Voici les questions et les réponses:

MIFROID: Mademoiselle Daaé ne vous a pas entendu descendre de votre chambre?

RAOUL: Non, monsieur, non, non. Je n'ai pas fait de bruit. L'horloge de l'église a sonné minuit moins un quart et elle a couru vers le cimetière.

MIFROID: Il n'y avait personne dans le cimetière?

RAOUL: Je n'ai vu personne. Pourtant, la nuit était claire. La neige reflétait le clair de lune.

MIFROID: Est-ce qu'il était possible de se cacher derrière les tombes?

RAOUL: Non, monsieur. Elles sont trop petites.

MIFROID: Vous êtes superstitieux?

RAOUL: Non, monsieur.

MIFROID: Étiez-vous anxieux?

RAOUL: Non. J'ai pensé que mademoiselle Daaé venait prier sur la tombe de son père. En effet, elle s'est mise à genoux dans la neige et a commencé à prier. Quand l'horloge a sonné minuit, elle a relevé la tête. Elle paraissait en extase[5]. Moi aussi, j'ai relevé la tête. Alors,

---

1. *s'enfuit*: part très vite
2. *entrouvre*: ouvre un peu
3. *plus mort que vif*: à demi-mort
4. *le commissaire*: le chef de police
5. *en extase*: transportée, pleine de joie

j'ai compris la raison de cette extase. L'Invisible[1] jouait de la musique. C'était le violon du père Daaé, mais joué par un génie. La musique a cessé. Et tout à coup, j'ai entendu du bruit du côté de l'ossuaire[2]. J'avais l'impression que les têtes de morts ricanaient. Je frissonnais[3]. J'ai même oublié de suivre mademoiselle Daaé qui sortait du cimetière.   5

    MIFROID: Et alors, qu'est-ce qui s'est passé? Pourquoi est-ce qu'on vous a trouvé le matin, à demi-mort, devant l'église?

    RAOUL: Oh! cela a été rapide. Une tête de mort a roulé à mes pieds… puis une autre… puis une autre… Et tout à coup, j'ai vu une   10
ombre sur le mur de l'église. Je me suis précipité. L'ombre avait un manteau. J'ai saisi un coin du manteau. Nous étions alors à l'entrée de l'église, éclairée par la lune. Je tenais le manteau. L'ombre s'est retournée vers moi. Alors, monsieur le commissaire, j'ai vu, j'ai vu, comme je vous vois, une effroyable[4] tête de mort. Dans son regard,   15
brûlaient les feux de l'enfer. J'ai cru voir Satan lui-même. Je suis courageux, mais devant cette apparition lugubre, j'ai perdu connaissance.

---

1. *l'Invisible*: les dieux
2. *l'ossuaire*: lieu où on conserve des ossements humains
3. *Je frissonnais.*: Je tremblais de peur.
4. *effroyable*: horrible

ℰXERCICES

COMPRÉHENSION

A. Vrai ou faux?

1. Raoul entre dans l'église et prie pour Christine.
2. Raoul a oublié la légende de l'Ange de la musique.
3. L'Ange de la musique vient chaque jour dans la loge de Christine.
4. Raoul a dit: «Il faut m'aimer!»
5. Christine sort vers minuit.
6. Raoul répond au commissaire Mifroid.
7. Le commissaire Mifroid a couru vers le cimetière.
8. La nuit était sombre.
9. Les tombes à Perros sont petites.
10. On a trouvé Raoul, à demi-mort, devant l'église.

B. Trouvez dans le texte un **synonyme** des mots en italique.

1. *Soudain*, Christine est là.
2. C'est *clair*!
3. Le ton des paroles de Christine *n'est pas normal*.
4. Je *crois* qu'on se moque de vous.
5. *Un crâne* a roulé à mes pieds.

C. Trouvez dans le texte le **contraire** des mots en italique.

1. Raoul *sort de* l'église.
2. C'est *faux*!
3. On l'a trouvé *derrière* la petite église.
4. Il y avait *quelqu'un* dans le cimetière?
5. Moi aussi, j'ai *baissé* la tête.

D. Donnez des mots de la même famille que les suivants.

1. vrai
2. jour
3. loge
4. seule
5. courageux

COMMUNICATION

E. À vous la parole!

1. Raoul est jaloux parce qu'il…
2. Christine croit à l'Ange de la musique parce que…

F. La mort

Trouvez dans le chapitre tous les mots qui ont rapport à la mort.

G. Activité de groupe

Mifroid a interrogé Raoul. Maintenant, vous interrogez Christine. Imaginez cinq questions et cinq réponses et jouez la scène.

PROJET

Vous êtes Mifroid. Vous avez interrogé Raoul. Vous devez maintenant écrire votre rapport. Indiquez la date, l'heure et le lieu où se sont produits les événements.

CHAPITRE VI

UNE SALLE MAUDITE

Un beau jour, les directeurs de l'Opéra trouvent dans leur bureau un rapport d'inspecteur. Ce monsieur expliquait qu'il avait expulsé[1] les occupants de la loge numéro 5. Ils faisaient du bruit et riaient très fort. À la demande de monsieur Richard, l'inspecteur arrive.

«Pourquoi ces gens riaient-ils? demande Richard.

— Monsieur le directeur, ils avaient sans doute trop bu. Quand ils sont arrivés dans la loge, ils ont appelé l'ouvreuse et ont dit:

— *Regardez dans la loge. Il n'y a personne, n'est-ce pas?*

— *Non.*

— *Eh bien, quand nous sommes entrés, nous avons entendu une voix qui disait: Il y a quelqu'un ici.*

— Enfin, dit Richard, quand ces gens sont arrivés, il n'y avait personne dans la loge?

— Personne, monsieur le directeur! Personne! Personne dans la loge de droite, personne dans la loge de gauche; personne, je vous le jure[2]!

— Et l'ouvreuse, qu'est-ce qu'elle dit?

— Oh! pour l'ouvreuse, c'est bien simple; elle dit que c'est le fantôme de l'Opéra!»

L'inspecteur ricane[3], mais M. Richard est furieux.

Les directeurs décident d'aller inspecter la loge numéro 5. Tout est normal. Ils décident donc de présenter *Faust* samedi comme prévu. Ils occuperont eux-mêmes la loge numéro 5.

1. *expulsé:* mis à la porte
2. *je vous le jure:* je vous dis la vérité
3. *ricane:* rit d'une façon sarcastique

Mais le matin du spectacle, ils trouvent une double lettre du fantôme de l'Opéra:

Mes chers directeurs,
    C'est donc la guerre?
Si vous voulez la paix, voici mes conditions:
1° Vous me rendrez ma loge immédiatement.
2° Le rôle de «Marguerite[1]*» sera chanté ce soir par Christine Daaé. La prima donna*[2]*, Carlotta, sera malade.*
    3° Vous donnerez une lettre à mon ouvreuse, madame Giry, certifiant que vous acceptez de m'envoyer mes 20 000 francs par mois. Je vous expliquerai plus tard comment vous devez me payer.
    Si vous n'acceptez pas mes conditions, vous jouerez Faust *dans une salle maudite*[3].

À ce moment-là, madame Giry entre, une lettre à la main.

«Pardon, mes excuses, messieurs, mais j'ai reçu une lettre du fantôme de l'Opéra. Il me dit de venir chez vous, que vous avez quelque chose à me… »

Elle ne finit pas sa phrase. Le visage de M. Richard est rouge de colère. Le directeur est incapable de parler; il donne à madame Giry un formidable coup de pied.

Vers la même heure, la Carlotta reçoit une lettre aussi:

Ne chantez pas ce soir. Si vous chantez, une tragédie plus terrible que la mort vous attend.

La menace est écrite à l'encre rouge.

À cinq heures du soir, une deuxième lettre anonyme arrive:

Vous avez un rhume. C'est une folie de chanter ce soir.

La Carlotta ricane. Elle est sûre d'elle-même.

Le soir, à l'Opéra, ses amis sont là. Tout paraît normal, excepté la présence de MM. Richard et Moncharmin dans la loge numéro 5.

Le premier acte se termine sans incident. Les deux directeurs se regardent et sourient:

«Le fantôme est en retard, dit Richard.

— Nous avons une belle salle ce soir, pour une salle maudite!» répond Moncharmin.

---

1. *Marguerite*: rôle féminin principal dans *Faust* (opéra de Charles Gounod)
2. *la prima donna*: la première chanteuse
3. *une salle maudite*: un théâtre où il y aura une catastrophe

Richard montre à Moncharmin une grosse dame vulgaire, assise au milieu de la salle.

«Ça, c'est ma concierge, déclare Richard. Je l'ai invitée ce soir. Demain, elle remplacera madame Giry qui nous embête.»

Le rideau se lève sur les chants joyeux du deuxième acte. Christine joue le rôle de l'amoureux. Elle est déguisée en garçon.

Au deuxième entracte[1], les directeurs quittent leur loge. Quand ils reviennent, ils remarquent une boîte de bonbons anglais sur un fauteuil. Qui l'a apportée? Ils questionnent l'ouvreuse. Personne ne sait rien. Quel mystère! Ils n'ont pas envie de rire. Et ils sentent, autour d'eux, un étrange courant d'air[2]. Ils s'assoient

5

10

---

1. *entracte*: intervalle entre les actes
2. *courant d'air*: vent qui passe

en silence, réellement impressionnés.

La scène représente maintenant le jardin de Marguerite... Christine Daaé, dans le rôle de l'amoureux, chante.

Le vicomte, la tête dans les mains, pleure. Il pense à la lettre qu'il a reçue. Christine est arrivée à Paris avant lui et lui a écrit:

> *Mon cher petit ami,*
> *Ayez le courage de ne plus me voir, de ne plus me parler... Si vous m'aimez un peu, faites cela pour moi, pour moi qui ne vous oublierai jamais, mon cher Raoul. Surtout, ne venez plus jamais dans ma loge. Il y va de ma vie. Il y va de la vôtre.*[1]
>
> *Votre petite Christine*

Tout à coup, la salle applaudit. C'est la Carlotta qui entre. Elle joue Marguerite. Sûre de ses amis dans la salle, sûre d'elle-même, la Carlotta joue avec enthousiasme. Elle chante:

> J'écoute!... Et je comprends cette voix solitaire
> Qui chante dans mon coeur!

À ce moment juste, quelque chose de terrible se passe. La salle[2], d'un seul mouvement[3], se lève... Dans leur loge, la loge numéro 5, les deux directeurs poussent une exclamation d'horreur... Le visage de la Carlotta révèle une atroce douleur. La pauvre prima donna reste la bouche ouverte. Mais cette bouche ne chante plus...

Car[4], de cette bouche est sorti... un crapaud!

COUAC[5]!... COUAC!... Ah! le terrible COUAC!

On parle ici de crapaud au sens figuré[6]. On ne le voit pas, mais on l'entend. COUAC!

La Carlotta ne comprend pas. Pauvre, misérable, désespérée Carlotta!

Tout cela: COUAC, émotion, terreur, clameur dans la salle, dure quelques secondes seulement.

Dans la loge numéro 5, les deux directeurs sentent la présence du fantôme. Ils sentent son souffle[7]. M. Moncharmin tremble un peu. M. Richard passe son mouchoir sur son front... Oui, il est là...

---

1. *Il y va de ma vie. Il y va de la vôtre.*: Ma vie est en danger. Votre vie est en danger.
2. *la salle*: le public
3. *d'un seul mouvement*: ensemble
4. *car*: parce que
5. *couac*: cri du crapaud
6. *au sens figuré*: comme image
7. *souffle*: respiration

Ils ne le voient pas, mais ils le sentent. Ils regardent la Carlotta. Son COUAC est le signal d'une catastrophe. Ils l'attendent. Le fantôme a promis cette catastrophe! La salle est maudite!

«Eh bien, continuez!» ordonne Richard tremblant à la Carlotta. Elle recommence: 5

> ... Et je comprends cette voix solitaire...COUAC!...
> qui chante dans mon... COUAC!

Le crapaud aussi a recommencé.

Une clameur extraordinaire monte dans la salle. Les deux directeurs ne bougent pas. Ils entendent le rire du fantôme derrière 10 eux! Enfin, ils entendent distinctement sa voix, la voix sans bouche, qui dit:

> «*Elle chante ce soir à décrocher le lustre!*[1]»

Ensemble, ils lèvent la tête au plafond et poussent un cri terrible. L'immense lustre se détache, glisse. Décroché, il plonge dans la salle. 15 Il s'écrase au milieu de l'orchestre, parmi les cris. Il y a de nombreux blessés et une morte.

La morte est la malheureuse concierge de M. Richard. Elle ne remplacera pas madame Giry.

Le lendemain, le fantôme reçoit ses 20 000 francs! 20

---

1. *Elle chante ce soir à décrocher le lustre*: Elle chante assez fort pour décrocher le lustre

$\mathscr{E}$XERCICES

COMPRÉHENSION

A. Trouvez les mots qui manquent et complétez les phrases.

1. L'inspecteur avait expulsé les occupants de la loge parce qu'ils
   _____ ____ _____ .

2. Ces gens riaient parce qu'ils _____ _____ _____ .

3. Le rôle de Marguerite sera chanté par Christine Daaé parce
   que _____ _____ _____ .

4. «Je suis venue chez vous, dit madame Giry, parce que j'ai reçu
   ____ _____ du fantôme de l'Opéra.»

5. «C'est une folie de chanter ce soir parce que vous _____
   _____ _____ .»

6. La Carlotta ricane parce qu'elle est _____ d'_____ .

7. M. Richard a invité sa concierge parce que demain, elle
   remplacera _____ _____ .

8. M. Moncharmin tremble un peu parce qu'il sent la présence
   ____ _____ .

9. Les directeurs poussent un cri parce que ____ _____
   a plongé dans la salle.

B. Trouvez dans le texte un **synonyme** des mots en italique.

1. Ils avaient *probablement* trop bu.

2. La *première chanteuse* sera malade.

3. Elle ne *termine* pas sa phrase.

4. Demain, elle *prendra la place* de madame Giry.

5. Les directeurs *voient* une boîte de bonbons anglais.

C. Trouvez dans le texte le **contraire** des mots en italique.

1. «C'est donc *la paix*!»

2. Vous *refusez* de m'envoyer mes 20 000 francs.

3. Le directeur est *capable* de parler.

4. Le fantôme est *en avance*.

5. Christine est arrivée à Paris *après* lui.

D. Donnez des mots de la même famille que les suivants.

1. vie
2. silence
3. ouvreuse
4. voix
5. folie

COMMUNICATION

E. À vous la parole!

1. M. Richard a tort de donner un coup de pied à madame Giry parce que…
2. Le lustre se décroche parce que…

F. Le suspense

Qu'est-ce qui crée le suspense dès le commencement du chapitre?

G. Activité de groupe

Imaginez ce que **pensent** les personnages dans les situations suivantes.

1. L'inspecteur… lorsqu'il découvre que l'ouvreuse croit au fantôme.
2. M. Richard… lorsqu'il entend Mme Giry lire la lettre du fantôme.
3. M. Richard et M. Moncharmin… à la fin du premier acte de *Faust*.
4. La Carlotta… lorsqu'elle fait ses «couacs».
5. Le fantôme… lorsque le lustre tombe.

PROJET

La Carlotta et Christine Daaé sont des chanteuses d'opéra. Peut-être préférez-vous les chanteurs de rock. Documentez-vous sur le chanteur ou la chanteuse que vous aimez et présentez vos recherches.

 QUI EST ERIK?

Après la tragique soirée, Christine a disparu. Raoul essaie de la trouver. Les directeurs, déjà bouleversés, croient qu'elle est malade. Mais enfin, madame Valérius annonce à Raoul que Christine est avec l'Ange de la musique. Raoul est désespéré. Il n'a que vingt ans et il veut mourir.

Un matin, son domestique apporte une lettre — une lettre de Christine. Elle écrit:

> *Mon ami,*
>
> *Venez après-demain au bal de l'Opéra, à minuit, dans le petit salon. Restez près de la porte. Ne parlez pas de ce rendez-vous! Déguisez-vous en domino[1] blanc, masquez-vous bien. On ne doit pas vous reconnaître.*

L'espoir revient dans le coeur de Raoul. Il est certain que Christine est victime de sa naïveté. L'Ange de la musique! Un monstre qui profite de l'innocence de Christine!

Il est minuit. Raoul, masqué, est près de la porte du petit salon. Il y a un monde fou[2]. Tout à coup, une main serre ses doigts. Il comprend que c'est Christine, en domino noir, et il la suit.

Un groupe de gens attire son attention. Au milieu du groupe, il y a un personnage habillé de rouge. Il porte un grand chapeau à plumes sur une tête de mort. Son immense manteau traîne derrière lui. Sur le manteau, on a brodé: «Ne me touchez pas! Je suis la Mort Rouge!…»

Raoul reconnaît la tête de mort de Perros. Il veut se précipiter, mais le domino noir le tire par la main.

---

1. *domino*: long manteau ample à capuchon
2. *Il y a un monde fou.*: Il y a une grande foule.

Ils montent deux étages et ils entrent dans une loge. Christine veut fermer la porte, mais Raoul s'y oppose[1]. Il a vu, sur les marches de l'escalier, le manteau rouge...

«C'est lui!... Cette fois, il ne m'échappera pas[2]!»

Mais Christine est arrivée[3] à fermer la porte.

«Qui donc? demande-t-elle. Qui donc ne vous échappera pas?

— Qui donc? répète-t-il, rageur... Mais l'homme qui se cache sous ce masque mortuaire!... Le mauvais génie[4] du cimetière de Perros... la Mort Rouge! Enfin, votre ami, madame... *votre Ange de la musique!* Mais je lui arracherai son masque. Nous nous regarderons face à face. Je saurai enfin qui vous aimez et qui vous aime!»

Raoul essaie d'ouvrir la porte. Christine étend ses deux bras.

«Au nom de notre amour, Raoul, vous ne passerez pas!...»

Il s'arrête. Qu'est-ce qu'elle dit?... Au nom de leur amour?... Mais jamais, jamais encore elle ne lui a dit qu'elle l'aimait... Non, elle veut seulement donner à la Mort Rouge le temps de fuir... Leur amour!...

«Vous mentez, madame! dit-il méchamment[5]. Vous ne m'aimez pas et vous ne m'avez jamais aimé. Pourquoi m'avez-vous donné tous ces espoirs? Je croyais que vous étiez une honnête femme; mais vous vous êtes moquée de moi!» Et il pleure.

«Vous me demanderez un jour pardon, Raoul, et je vous pardonnerai!...

— Non, non! Vous m'avez rendu fou. Quand je pense que j'allais donner mon nom à une fille d'Opéra!

— Raoul!...

— Adieu, Christine!...

— Adieu, Raoul!...

— Vous me permettez de venir vous applaudir de temps en temps? ajoute Raoul, méchamment.

— Je ne chanterai plus, Raoul. C'est fini.»

Christine semble si désespérée que Raoul regrette sa cruauté.

«Mais enfin, dit-il, que signifie tout ceci? Qu'est-ce que c'est que cette histoire de l'Ange de la musique?... Quelqu'un se moque de votre naïveté. Mais maintenant, vous savez la vérité. Expliquez-vous, Christine, je vous en prie!

— C'est une tragédie, mon ami...»

---

1. *s'y oppose*: ne veut pas
2. *il ne m'échappera pas*: je l'aurai
3. *est arrivée*: a réussi
4. *mauvais génie*: démon
5. *méchamment*: cruellement

Christine enlève son masque. Elle est si pâle que Raoul pousse un cri. Il tend les bras vers elle, mais elle s'enfuit.

Raoul descend alors dans la foule. Il cherche la Mort Rouge. Inconsciemment[1], il arrive devant la loge de Christine. Il frappe à la porte. Personne ne répond. Il entre. Mais il entend des pas dans le couloir et se cache dans le boudoir. Une main pousse la porte. C'est Christine. 5

Elle s'assoit et prend sa tête dans ses mains. Elle murmure: «Pauvre Erik! Pauvre Erik!»

Tout à coup, Christine semble écouter. Raoul aussi écoute. On a l'impression que les murs chantent. On distingue une voix, une voix d'homme douce et captivante. La voix est maintenant plus proche; elle est dans la loge. Christine se lève et dit à la voix: 10

«Me voici, Erik. Je suis prête. Vous êtes en retard, mon ami.»

Christine sourit. 15

La voix sans corps recommence à chanter. Raoul n'a jamais entendu une voix si forte, si belle, si divine. Mais il résiste au charme de la voix. Il marche vers Christine. Alors, par une sorte de miracle, un vent glacé le précipite au sol[2]. Quand il reprend ses sens, Christine a disparu. Où est-elle? Reviendra-t-elle? Jaloux et malheureux, Raoul pleure: 20

«Qui est Erik?»

1. *inconsciemment*: automatiquement
2. *précipite au sol*: jette par terre

$\mathscr{E}$XERCICES

<u>COMPRÉHENSION</u>

A. Choisissez la meilleure expression pour compléter la phrase. Respectez le texte.

1. Les directeurs croient que Christine est (belle, tragique, malade).

2. Un personnage habillé de (blanc, rouge, noir) attire l'attention de Raoul.

3. Son immense (chapeau, plume, manteau) traîne derrière lui.

4. «Je lui (arracherai, prendrai, donnerai) son masque», dit Raoul.

5. «Elle veut donner à la Mort Rouge le temps de (regarder, fuir, arriver)», pense Raoul.

6. J'allais donner mon (main, pied, nom) à une fille d'Opéra!

7. Raoul regrette sa cruauté parce que Christine semble (heureuse, pauvre, désespérée).

8. Raoul (demande, ouvre, frappe) à la porte.

9. (Quelqu'un, Christine, Personne) ne répond.

10. Il (voit, pousse, entend) des pas dans le couloir.

B. Trouvez dans le texte un **synonyme** des mots en italique.

1. Il est *sûr* que Christine est victime de sa naïveté.

2. Raoul *tente* d'ouvrir la porte.

3. Vous *ne dites pas la vérité.*

4. Christine *retire* son masque.

5. On *reconnaît* une voix d'homme.

C. Trouvez dans le texte le **contraire** des mots en italique.

1. Il n'a que vingt ans et il veut *vivre.*

2. *Le désespoir* revient dans le coeur de Raoul.

3. Christine est en domino *blanc.*
4. Ils *descendent* deux étages.
5. Vous me *défendez* de venir vous applaudir.

D. Donnez des mots de la même famille que les suivants.

1. tragique
2. essaie
3. rageur
4. espoir
5. ami

COMMUNICATION

E. À vous la parole!

1. J'aime/Je n'aime pas me déguiser parce que...
2. La couleur rouge est souvent mentionnée parce que...

F. L'amour

Les gens amoureux sont souvent jaloux. Trouvez des passages qui montrent que Raoul est très jaloux.

G. Activité de groupe

Travaillez avec un(e) partenaire.
Vous allez à un bal masqué. Vous êtes un couple célèbre. Décrivez vos costumes. La classe doit deviner qui vous êtes.

PROJET

Dessinez les dominos et le costume de la Mort Rouge.

CHAPITRE VIII

LE MYSTÈRE DES TRAPPES

Trois jours plus tard, Christine et Raoul se retrouvent à l'Opéra. Raoul n'a pas oublié la scène de la loge. Il demande tout de suite l'identité de l'Ange de la musique.

Stupéfaite[1], la jeune fille refuse de répondre.

«Eh bien, mademoiselle, votre Ange de la musique s'appelle   5
Erik!»

Christine devient blanche.

«Qui vous l'a dit? demande-t-elle.

— Vous-même, le soir du bal. J'étais caché dans votre boudoir.

— Malheureux![2] s'écrie Christine épouvantée. Vous voulez donc   10
qu'on vous tue!

— Peut-être! Pourquoi vivre? Vous ne m'aimez pas. Dans un mois, je quitte la France. Je ferai partie d'une expédition polaire. Je ne reviendrai peut-être jamais.»

Pourtant, Christine n'a pas l'air triste. Raoul est surpris.   15

«Je peux mourir pendant cette expédition, dit-il.

— Et moi aussi, je peux mourir», répond-elle simplement.

Mais, tout à coup, elle semble pensive.

«À quoi pensez-vous, Christine?

— Je pense que, dans un mois, nous nous dirons adieu… pour   20
toujours!

— Mais nous pouvons promettre de nous attendre.

— Taisez-vous, Raoul! C'est impossible, vous le savez bien. Et nous ne nous marierons jamais! C'est entendu![3]»

---

1. *stupéfaite*: très surprise
2. *Malheureux!*: Quelle folie!
3. *C'est entendu!*: C'est d'accord, C'est compris!

Soudain, elle semble incapable de cacher sa joie. Raoul la regarde, il ne comprend pas.

«Mais si nous ne pouvons pas nous marier, nous pouvons... nous pouvons nous fiancer!... Secrètement... Nous sommes fiancés, mon ami, pour un mois!... Dans un mois, vous partirez. Je serai heureuse toute ma vie avec le souvenir de ce mois-là. Ceci est un bonheur qui ne fera de mal à personne.»

Raoul pense: J'ai un mois. Pendant ce temps, elle oubliera la voix d'homme. Dans un mois, Christine acceptera de devenir ma femme. Et pendant un mois, Christine et Raoul jouent aux fiancés[1].

Au théâtre, Christine remplace la Carlotta. Depuis l'aventure du Couac, la Carlotta ne chante plus. Et Christine a un succès fou.

Christine montre à Raoul tous les coins de l'Opéra[2]. Cependant, ils ne vont jamais dans les dessous. Une fois, sur la scène, Raoul se penche sur[3] une trappe ouverte et dit à Christine:

«Nous avons visité les dessus de votre empire, Christine... Mais on raconte d'étranges histoires sur les dessous. Je suis curieux de voir les dessous avec vous.

---

1. *jouent aux fiancés*: font comme s'ils étaient fiancés
2. *tous les coins de l'Opéra*: l'Opéra tout entier
3. *se penche sur*: regarde à l'intérieur de

— Je vous défends d'aller là, crie-t-elle, tous les dessous sont à *lui*.
— *Il* habite donc là-dessous? demande Raoul.
— Je ne vous ai pas dit cela!... Allons! Venez!»
Elle l'entraîne, car il voulait rester près de la trappe ouverte.
Tout à coup, la trappe se ferme.
«C'est peut-être *lui* qui était là? dit Raoul.
— Mais non! Mais non! *Il* est occupé! *Il* travaille.
— Ah! vraiment, *il* travaille?
— Oui. Nous sommes bien tranquilles.»
Pourtant, elle a peur. Elle frissonne.
«Qu'est-ce qu'*il* fait? demande Raoul.
— Oh! quelque chose de terrible!... Mais nous sommes bien tranquilles.»
Et elle frissonne de nouveau. Elle se penche pour écouter du côté de la trappe. Elle soupire:
«Si c'était *lui*!»
Raoul demande:
«Vous avez peur de *lui*?»
Elle répond:
«Mais non! Mais non!»
Raoul se sent aussi faible qu'elle. Il pense: Elle prétend qu'elle n'a pas peur, mais elle nous éloigne[1] de la trappe.
Le lendemain et les jours suivants, ils vont loin des trappes, presque sous le toit. Christine a l'air très agitée. Un après-midi, elle a le visage si pâle et les yeux si rouges que Raoul devine la cause de son désespoir.
«Je veux savoir le secret de la Voix d'homme. Sinon, je ne partirai pas pour le pôle Nord.
— Taisez-vous! Au nom du Ciel, taisez-vous. Il vous entend peut-être!»
Elle regarde autour d'elle, terrorisée.
«Je vous sauverai, Christine, je vous le jure! Vous partirez avec moi. Et vous ne penserez même plus à *lui*.
— Est-ce possible?»
Elle entraîne le jeune homme jusqu'au dernier étage du théâtre, très loin des trappes.
«Plus haut!... encore plus haut!!» répète-t-elle.
Elle regarde constamment derrière elle; mais elle ne voit pas l'ombre qui la suit.

---

1. *elle nous éloigne*: elle nous fait aller loin

$\mathscr{E}$XERCICES

COMPRÉHENSION

A. Vrai ou faux?

1. Christine dit que l'Ange de la musique s'appelle Erik.
2. Dans quatre semaines, Raoul quitte la France.
3. Christine est heureuse parce qu'elle va se marier avec Raoul.
4. Au théâtre, la Carlotta a un succès fou.
5. Christine montre à Raoul tous les dessous de l'Opéra.
6. Christine dit qu'Erik habite dans les dessous.
7. Christine frissonne parce qu'elle a peur.
8. Raoul est pâle et a les yeux rouges.
9. Raoul veut sauver Christine.
10. Christine voit l'ombre derrière elle.

B. Trouvez dans le texte un **synonyme** des mots en italique.

1. La jeune fille est *très étonnée*.
2. Christine est *effrayée*.
3. Ce *n'est pas possible*.
4. Dans un mois, elle *consentira à* devenir ma femme.
5. Au nom du Ciel, *ne parlez plus*.

C. Trouvez dans le texte le **contraire** des mots en italique.

1. La jeune fille *accepte* de répondre.
2. Pourquoi *mourir*?
3. Ceci est un *malheur*.
4. Je vous *permets* d'aller là.
5. Raoul se sent *fort*.

D. Donnez des mots de la même famille que les suivants.

1. blanche
2. triste
3. joie
4. faible
5. nom

COMMUNICATION

E. À vous la parole!

1. Raoul est heureux parce que…
2. Ils ne voient pas l'ombre parce que…

F. La mort

Trouvez dans ce chapitre des expressions qui ont rapport à la mort.

G. Activité de groupe

Comme Raoul, vous allez faire partie d'une expédition. Préparez un itinéraire et une liste des objets que vous emportez.

PROJET

Racontez un événement effrayant ou décrivez une personne qui vous a fait peur.

CHAPITRE IX

NI ANGE, NI GÉNIE, NI FANTÔME

Ainsi, ils arrivent aux toits. L'ombre est toujours là, mais ils ne la voient pas.

Christine se serre contre Raoul et dit:

«Si je refuse de partir avec vous, Raoul, emportez-moi de force.

— Vous avez peur de changer d'avis[1].   5

— Je ne sais pas. C'est un démon. Maintenant, j'ai peur de retourner avec lui dans la terre!

— Qu'est-ce qui vous force à retourner dans la terre, Christine?

— Si je ne retourne pas près de lui, de grands événements tragiques peuvent arriver. Mais je ne peux plus... Je ne peux plus...   10
Et cependant, le moment approche. Si je ne vais pas à lui, il viendra me chercher. Il me dira qu'il m'aime. Et il pleurera! Ah! ces larmes! Raoul! Ces larmes dans les deux trous noirs de sa tête de mort!»

Raoul la presse contre son coeur.

«Non, non! Fuyons!... Tout de suite, Christine, fuyons!»   15

— Non, non, pas maintenant! C'est trop cruel... Laissez-le m'entendre chanter encore demain soir, une dernière fois... À minuit, venez me chercher dans ma loge. Il m'attendra dans les dessous. Nous serons libres et vous m'emporterez!»

Elle ajoute: 20

«Ah! la première fois que je *l*'ai vu!... J'ai cru qu'*il* allait mourir!

— Pourquoi avez-vous cru qu'il allait mourir? demande Raoul.

— PARCE QUE JE L'AVAIS VU!!!»

Raoul demande:

«Comment l'avez-vous vu pour la première fois?   25

---

1. changer d'avis: changer d'idée, d'opinion

— Pendant trois mois, j'ai entendu la voix sans rien voir. La première fois, j'ai cru qu'elle chantait dans une loge voisine. Je suis sortie, j'ai cherché partout; mais je n'ai pas pu trouver la voix hors de ma loge. Elle restait dans ma loge. Elle chantait et elle me parlait. C'était une voix d'homme, mais belle comme la voix d'un ange. Comment expliquer un phénomène aussi extraordinaire? Je n'avais pas oublié la promesse de mon pauvre papa.

«J'ai demandé à la Voix si mon père l'envoyait. Elle a répondu qu'elle était la voix d'ange promise par mon père. Elle m'a demandé la permission de me donner secrètement des leçons de musique. J'ai accepté avec joie.

«Après quelques semaines, j'avais fait des progrès extraordinaires. J'étais même un peu effrayée. Tout cela ressemblait à de la magie.

«Un soir, je vous ai vu dans la salle. J'étais si heureuse que j'ai dit à la Voix la place que vous aviez dans mon coeur. Alors, la Voix n'a plus parlé; je l'ai appelée, mais elle n'a pas répondu. J'ai pensé qu'elle était partie pour toujours.

«Le lendemain, la Voix est revenue dans ma loge. Elle m'a parlé avec une grande tristesse. La Voix m'a dit que, si je donnais mon coeur, elle remonterait au ciel. J'avais peur de ne plus l'entendre. J'avais aussi pensé à mes sentiments envers vous. Vous m'aviez peut-être oubliée. Et puis, un vicomte ne se marie pas avec une chanteuse. J'ai donc juré à la Voix que vous n'étiez qu'un frère pour moi, seulement un frère. C'est pourquoi je ne vous regardais pas au théâtre.

«Pendant ce temps, les leçons continuaient. Un jour, la Voix m'a dit: *Va, Christine Daaé, tu peux apporter aux hommes un peu de la musique du ciel!*

«Ce soir-là, j'ai remplacé la Carlotta. Ce soir-là, j'ai pensé que mon âme avait quitté mon corps... et j'ai perdu connaissance. Quand j'ai rouvert les yeux, vous étiez à côté de moi. Mais la Voix aussi était là, Raoul! C'est pourquoi j'ai ri quand vous avez parlé de l'écharpe.

«Mais la Voix vous connaissait. Et la Voix était jalouse! Les deux jours suivants, elle a fait des colères terribles. Je lui ai dit:

«*C'est assez. Demain, je vais à Perros, sur la tombe de mon père. Je demanderai à M. Raoul de Chagny de m'accompagner.*

— Comme vous voulez, mais moi aussi, je serai à Perros. Je suis partout où vous êtes, Christine. À minuit sonnant[1], je serai sur la tombe de votre père. Là, je jouerai de la vraie musique sur son violon!»

---

1. *sonnant*: précis

— Ah! je commence à comprendre maintenant le mystère de Perros, crie Raoul.

— Raoul, je ne vous ai rien dit encore. Rappelez-vous le soir fatal où la Carlotta a poussé ses «COUACS», où le lustre s'est décroché? J'ai eu peur pour vous et pour la Voix. Mais je vous ai vu dans votre loge et je savais que vous étiez sain et sauf. Alors, j'ai pensé: Le lustre a peut-être écrasé la Voix. J'ai couru à ma loge. J'ai appelé la Voix. Elle n'a pas répondu, mais j'ai entendu le son du violon de mon père. Cette musique m'ordonnait de marcher vers elle. Je l'ai suivie. Ma loge semblait s'allonger[1]. J'étais devant la glace[2]. Puis, tout à coup, sans passer par la porte, je me suis trouvée hors[3] de ma loge.

«Tout était noir. J'ai crié. Une main s'est posée sur ma main… Non, pas une main; une chose osseuse et glacée. J'ai hurlé. Un bras m'a soulevée[4]… J'ai lutté un instant, et puis, je n'ai plus bougé. J'ai pensé que j'allais mourir d'horreur. On m'emportait vers une petite lueur[5] rouge. Alors, j'ai vu l'homme qui m'emportait: il avait un grand manteau noir et un masque. J'ai voulu hurler, mais une main m'a fermé la bouche, une main qui avait une odeur de mort!… J'ai perdu connaissance.

«Quand j'ai rouvert les yeux, j'ai murmuré: Qui êtes-vous? Où est la Voix? Un soupir m'a répondu. Tout à coup, j'ai distingué une forme blanche. César! Le cheval du *Prophète*[6]. On disait que le fantôme de l'Opéra avait volé cet animal. Je n'avais jamais cru au fantôme. Mais maintenant, je pensais que j'étais peut-être sa prisonnière. J'ai appelé la Voix à mon secours[7], car je n'imaginais pas que la Voix et le fantôme étaient tout un[8]!

«Sur le cheval, je ne bougeais pas. J'étais calme, comme sous l'influence d'une drogue. J'avais l'impression que nous tournions, que nous tournions, que nous descendions jusqu'au coeur de la terre. Soudain, nous étions au bord d'un lac couleur de plomb. Il y avait une barque, près du quai.

«Mon compagnon a chassé César et m'a portée dans la barque. Il ramait avec force. Quand la barque s'est arrêtée, il m'a emportée dans

---

1. *s'allonger*: devenir plus long
2. *glace*: miroir
3. *hors*: à l'extérieur
4. *soulevée*: levée du sol
5. *lueur*: lumière faible
6. *Le Prophète*: opéra de Meyerbeer
7. *à mon secours*: à mon aide
8. *la Voix et le fantôme étaient tout un*: la Voix était le fantôme

ses bras. Il m'a déposée dans un salon bien illuminé et plein de fleurs. L'homme au masque a dit: *N'ayez pas peur, Christine, vous ne courez aucun danger*[1].

«C'était la Voix! J'ai sauté sur le masque pour l'arracher. Je voulais connaître le visage de la Voix. L'homme m'a dit: *Vous ne courez aucun danger, si vous ne touchez pas au masque!*

«Et il m'a forcée à m'asseoir. Et puis, il s'est mis à genoux devant moi. Il est resté silencieux.

«Ainsi, la *Voix*, la *Voix* que je reconnaissais sous le masque, la *Voix* était cette chose qui était à genoux devant moi: un homme!

«J'ai pleuré. L'homme, toujours à genoux, a compris pourquoi je pleurais, car il a dit:

— *C'est moi, Christine!... Je ne suis ni ange, ni génie, ni fantôme... Je suis Erik!*»

<hr>

1. *vous ne courez aucun danger*: vous ne risquez rien

ℰXERCICES

COMPRÉHENSION

A. Trouvez les mots qui manquent et complétez les phrases.

1. Christine a peur de retourner dans _____ _____ .

2. Christine a cru qu'Erik _____ _____ parce qu'elle l'avait vu.

3. La voix _____ dans la loge.

4. Un vicomte ne _____ _____ _____ avec une chanteuse.

5. Christine a juré à la Voix que Raoul n'était qu'____ _____ pour elle.

6. Elle a ri quand Raoul a parlé de l'_____ .

7. La Voix a fait des colères terribles parce qu'elle était _____ .

8. Christine a pensé que ____ _____ avait peut-être écrasé la Voix.

9. Le lac était couleur ____ _____ .

10. Christine a sauté sur le masque pour l'_____ .

B. Trouvez dans le texte un **synonyme** des mots en italique.

1. Qu'est-ce qui vous *oblige* à retourner dans la terre?

2. *Permettez-lui de* m'entendre chanter.

3. Pourquoi avez-vous *pensé* qu'il allait mourir?

4. Ce soir-là, j'ai *pris la place* de la Carlotta.

5. Vous étiez *près de* moi.

C. Trouvez dans le texte le **contraire** des mots en italique.

1. C'est *un ange*.

2. Laissez-le m'entendre chanter une *première* fois.

3. J'avais fait des progrès *ordinaires*.

4. Elle m'a parlé avec une grande *joie.*

5. Une main m'a *ouvert* la bouche.

D. Donnez des mots de la même famille que les suivants.

1. raison

2. noir

3. terre

4. douce

5. libre

COMMUNICATION

E. À vous la parole!

1. Les longues fiançailles sont utiles/inutiles parce que...

2. Christine ne veut pas fuir immédiatement parce que...

F. L'amour

Trouvez des passages qui montrent que l'amour peut inspirer de mauvaises actions.

G. Activité de groupe

Christine dit qu'elle ne croit pas au fantôme. Êtes-vous superstitieux/superstitieuse? Avec votre groupe, faites une liste de dix superstitions communes.

PROJET

Relevez, dans ce chapitre, tous les noms qui signifient une partie du corps.

CHAPITRE X

CHRISTINE ARRACHE LE MASQUE

Derrière eux, l'écho semble répéter «Erik!»

«Christine, implore Raoul, fuyez avec moi tout de suite!

— Non, pas tout de suite. Je dois chanter demain soir. Sinon, il aura une peine infinie[1].

— Il aura de la peine si nous fuyons. C'est inévitable.   5

— Vous avez raison, Raoul. Certainement, ma fuite causera sa mort...»

Et elle ajoute:

«Mais aussi, la partie est égale[2]... car il peut nous tuer.

— Il vous aime donc bien?   10

— Jusqu'au crime!

— Mais nous pouvons aller dans sa demeure... On peut lui parler, le forcer à répondre!

— Non! Non! On ne peut rien[3] contre Erik!... On peut seulement fuir!   15

— Mais pourquoi êtes-vous retournée près de lui?

— Je n'avais pas le choix... Je vais vous expliquer; vous comprendrez...

— Ah! je le hais... Et vous, Christine, dites-moi, le haïssez-vous?

— Non, répond Christine simplement.   20

— Eh!... vous l'aimez certainement! Votre peur, vos terreurs, c'est encore de l'amour. Pensez donc... un homme qui habite un palais sous la terre!»

Et il ricane.

---

1. *infinie*: immense
2. *la partie est égale*: les risques sont les mêmes
3. *on ne peut rien*: on ne peut rien faire

«Est-ce que vous voulez que je retourne là-bas! Attention, Raoul, je vous l'ai dit: je ne reviendrais plus!»

Il y a alors un silence effrayant entre les trois... les deux qui parlent et l'ombre qui écoute, derrière.

Raoul dit enfin:

«Je veux savoir quels sont vos sentiments envers lui.

— C'est cela qui est terrible!... Il m'inspire de l'horreur, mais je ne le déteste pas. Comment le haïr, Raoul? Imaginez Erik à mes pieds, dans la demeure du lac, sous la terre. Il s'excuse, il implore mon pardon! Et quand je dis que je veux ma liberté, il me dit que je peux partir. Seulement, je n'oublie pas qu'il est toujours la Voix. Car il chante! Et je l'écoute et je reste!

«Ce soir-là, nous n'avons plus parlé. Il a pris une harpe et il a commencé à chanter. La chanson était si douce: je me suis endormie.

«Le lendemain, quand je me suis réveillée, j'étais seule dans une petite chambre. J'ai vite compris que je n'avais pas rêvé. J'étais prisonnière. Quand Erik est arrivé, je l'ai insulté. Je lui ai ordonné d'enlever son masque. Mais il m'a répondu sincèrement:

— *Vous ne verrez jamais le visage d'Erik!* ⁵
— *Alors, je veux ma liberté.*
— *Vous serez libre, Christine, dans cinq jours, car dans cinq jours, vous n'aurez plus peur de moi. Alors, vous reviendrez voir, de temps en temps, le pauvre Erik!*

«Ensuite, il m'a montré sa chambre. J'avais l'impression d'entrer ¹⁰ dans une chambre mortuaire. Tout était noir. Au milieu de la chambre, il y avait un cercueil ouvert. Il a dit: *C'est là que je dors.*
«Je frissonnais. J'ai détourné la tête et j'ai remarqué un orgue. Sur le pupitre, il y avait un cahier couvert de notes rouges. J'ai lu, à la première page: *Don Juan*[1] *triomphant.* ¹⁵

— *Oui, je compose quelquefois. Quand ce travail sera fini, je l'emporterai avec moi dans mon cercueil.*
— *Voulez-vous me jouer un passage de votre* Don Juan triomphant?
— *Ne me demandez jamais cela.* ²⁰

«Nous sommes rentrés dans le salon. J'ai remarqué que, dans l'appartement, il n'y avait pas de glaces.

— *Voyez-vous, Christine, il y a une musique bien plus belle que la musique d'opéra. Vous ne la comprenez pas encore, heureusement pour vous! Pour l'instant, chantons l'opéra,* ²⁵ *Christine Daaé.*

«Nous avons chanté *Othello*[2]. J'étais fascinée. Erik était Othello... J'ai cru qu'il allait me tuer. Et je trouvais des charmes à une mort causée par une si grande passion. Je suis venue plus près de lui. Avant de mourir, j'ai voulu voir le visage de la Voix. Et j'ai arraché le masque... ³⁰
«Oh! horreur!... horreur!... horreur!...
Erik hurlait:

— *Regarde! Tu as voulu voir! Tu vois maintenant le visage d'Erik! Maintenant, tu connais le visage de la Voix.*
  ³⁵

---

1. *Don Juan*: héros littéraire, d'origine espagnole, un grand séducteur
2. *Othello*: opéra de Verdi inspiré de la pièce de Shakespeare. Othello tue sa femme, Desdémone

«Il riait d'un rire sinistre et disait encore:

    — *Es-tu satisfaite? Je suis beau, hein?... Quand une femme m'a vu, comme toi, elle m'aime pour toujours. Regarde-moi! Je suis un type comme Don Juan. Je suis Don Juan triomphant!*»

«Il me forçait à le regarder.

    — *Regarde, je suis un véritable cadavre vivant!... De la tête aux pieds!... C'est un cadavre qui t'aime, qui t'adore et qui ne te quittera jamais!... Vois, je ne ris plus, je pleure... Je pleure pour toi, Christine, car maintenant, je te garde. Avant, tu croyais peut-être que j'étais beau; tu serais revenue. Maintenant que tu m'as vu, si je te laisse libre, tu partiras pour toujours.*

«Il m'avait lâchée. Comme un reptile, il a rampé[1] jusqu'à sa chambre. Je suis restée seule. Épouvantée, je pensais à me tuer. Tout à coup, j'ai entendu le son de l'orgue...

«Alors, Raoul, j'ai commencé à comprendre pourquoi Erik considérait comme inférieure la musique d'opéra... Le *Don Juan triomphant* n'avait rien à faire avec la musique d'opéra. Dans ce long, affreux et magnifique sanglot, le pauvre Erik manifestait toute sa souffrance.

«J'étais ivre; j'ai poussé la porte qui me séparait d'Erik et j'ai crié:

«*Erik, n'ayez pas peur. Montrez-moi votre visage. Si Christine Daaé frissonne maintenant, c'est parce qu'elle pense à votre génie!*

«Alors, Erik s'est retourné. Il est tombé à mes genoux avec des mots d'amour...

«Avec des mots d'amour dans sa bouche de mort, il embrassait le bas de ma robe et moi, je fermais les yeux.

«Pendant quinze jours, j'ai menti. À ce prix, j'ai retrouvé ma liberté. Après quinze jours de cette abominable captivité, il m'a crue quand j'ai dit: je reviendrai!

— Et vous êtes revenue, Christine, gémit[2] Raoul.

— Oui, mon ami, et ce n'est pas à cause de ses menaces, mais à cause de ses larmes. Pauvre Erik! Pauvre Erik! Mais chaque fois que je le revois, mon horreur pour lui augmente. Et lui, il est fou d'amour! ... Et j'ai peur!... J'ai peur!...

—Vous avez peur... Mais m'aimez-vous?... Si Erik était beau, m'aimeriez-vous, Christine?

— Malheureux! Pourquoi me demander une chose que je ne veux pas savoir?»

Puis elle se lève et dit:

«Ô mon fiancé! Si je ne vous aimais pas... Pour la première et la dernière fois, embrassez-moi!»

Ils s'embrassent, mais la nuit autour d'eux gémit. Ils voient, au-dessus d'eux, un grand oiseau de nuit qui les regarde de ses yeux de braise[3].

---

1. *il a rampé*: il a avancé
2. *gémit*: se lamente
3. *ses yeux de braise*: ses yeux brûlants et rouges

ℰXERCICES

A. Choisissez la meilleure expression pour compléter la phrase. Respectez le texte.

1. La fuite de Christine causera (la joie, la mort, le désespoir) d'Erik.

2. Erik inspire de l'horreur à Christine, mais elle ne (l'aime, le déteste, le voit) pas.

3. Erik a chanté; il a pris (une harpe, un piano, un violon).

4. Erik dit que Christine sera libre dans (trois jours, deux mois, cinq jours).

5. Dans la chambre d'Erik, Christine a remarqué (une table, un orgue, un piano).

6. Dans l'appartement, il n'y avait pas (de fleurs, de cahiers, de glaces).

7. Christine a (porté, vu, arraché) le masque.

8. Elle a vu (le visage, le rire, l'horreur) de la Voix.

9. Erik considérait la musique d'opéra comme (supérieure, égale, inférieure).

10. Christine est revenue à cause des (menaces, larmes, yeux) d'Erik.

B. Trouvez dans le texte un **synonyme** des mots en italique.

1. Il aura une *très grande* peine.

2. Nous pouvons aller dans sa *maison*.

3. J'étais retournée auprès de lui: *j'étais obligée*.

4. Il y a une musique *beaucoup* plus belle que la musique d'opéra.

5. Pendant *deux semaines*, elle a menti.

C. Trouvez dans le texte le **contraire** des mots en italique.

1. Ah! *je l'aime.*

2. Quand *je me suis endormie*, j'étais dans une petite chambre.

3. Vous serez *prisonnière*, Christine.

4. Vous ne comprenez pas cette musique, *malheureusement* pour vous.

5. Erik considérait comme *supérieure* la musique d'opéra.

D. Donnez des mots de la même famille que les suivants.

1. bras

2. peine

3. masque

4. rire

5. long

COMMUNICATION

E. À vous la parole!

1. Raoul a raison d'être jaloux parce que…

2. Christine est fascinée par Erik parce que…

F. L'amour

Trouvez des phrases qui montrent que Christine ne sait pas si elle aime ou si elle déteste Erik.

G. Activité de groupe

Avec un(e) partenaire, écrivez un dialogue au sujet de la musique que vous préférez. Jouez la scène pour la classe.

PROJET

Écrivez une courte composition sur les charmes d'un genre de musique. Voici quelques exemples: le rock, le jazz, le blues, la musique classique, etc.

CHAPITRE XI

CHRISTINE DISPARAÎT

Raoul et Christine courent, courent. Ils fuient le toit. Enfin, Christine s'arrête.

«Bah! dit-elle, je crois que nous avons imaginé cette ombre.

— Christine, partons ce soir. Il nous a peut-être entendus.

— Mais non! mais non! Il est très occupé. Il travaille à son *Don* 5
Juan triomphant. Allons dans ma loge.»

Quand ils sont arrivés à la loge, Raoul dit:

«Comment est-ce que vous avez été emportée de cette loge dans le couloir obscur[1]? Essayons de répéter vos gestes, voulez-vous?

— C'est dangereux, mon ami, car la glace pourrait encore 10
m'emporter dans les dessous. Là, je serais obligée d'appeler Erik.

— Est-ce qu'il peut vous entendre?

— Partout, il m'entend. Il me l'a dit. C'est un très curieux génie, un homme du ciel et de la terre.

— Comme vous parlez de lui!... Et vous voulez toujours le fuir? 15

— Oui, demain. Et si je refuse de partir, vous m'emporterez de force, c'est entendu.

— Ici donc, demain soir! À minuit, je serai dans votre loge.»

Raoul rentre chez lui, très préoccupé.

Le lendemain, les préparatifs d'enlèvement occupent le jeune 20
homme jusqu'à neuf heures du soir; puis il va à l'Opéra.

On joue *Faust.* La salle est brillante. Christine chante de toute son âme. Au dernier acte, quand elle commence à invoquer les anges, Raoul a l'impression de quitter la terre. Elle chante:

Anges purs! Anges radieux! 25
Portez mon âme au sein des cieux!

---

1. *obscur*: noir

Alors, tout à coup, le théâtre est plongé dans le noir. Les spectateurs poussent des cris de stupeur. Quelques secondes plus tard, la scène est éclairée… Christine Daaé a disparu!

Qu'est-ce qu'elle est devenue? Quel est ce miracle?… On se regarde sans comprendre.

Raoul pousse un cri puis il quitte sa place rapidement. Le public attend une annonce dans un énorme brouhaha.

Enfin, le rideau se lève lentement. Le ténor annonce d'une voix grave et triste:

«Mesdames et messieurs, il est arrivé un événement extraordinaire. Nous sommes profondément inquiets. Notre camarade, Christine Daaé, a disparu sous nos yeux et nous ne savons pas comment.»

Raoul se précipite sur la scène, fou de désespoir et d'amour.

«Christine! Christine!» répète-t-il.

On le repousse. On rit de lui. On croit qu'il est fou, le pauvre fiancé!

Évidemment, Erik connaît leur secret. Quelle sera sa vengeance? Christine, entre les bras du monstre, est perdue.

Ainsi pense le jeune homme. Il court vers la loge de la chanteuse. Il tâte et pousse la grande glace, mais elle ne bouge pas.

Raoul sort de la loge et court comme un fou dans le théâtre. Il demande à tout le monde des nouvelles de Christine.

Tout à coup, un homme aux yeux de jade[1], au bonnet d'astrakan[2], arrête Raoul.

«Où allez-vous si vite, monsieur de Chagny?»

Raoul, interrompu dans sa course, répond avec impatience:

«Je vais au secours de Christine Daaé.

— Alors, monsieur, restez ici… car Christine Daaé est ici!…

— Avec Erik?

— Avec Erik.

— Mais qui êtes-vous?

— Je suis le Persan[3], répond l'homme. J'étais à la représentation[4]. Seul, Erik peut exécuter un tel enlèvement[5]! Je reconnais la main du monstre!…

— Vous le connaissez donc?»

Le Persan soupire et ne dit rien.

---

1. *yeux de jade*: yeux verts
2. *d'astrakan*: de fourrure
3. *Persan*: habitant de la Perse (de l'Iran)
4. *représentation*: l'opéra
5. *enlèvement*: kidnapping

«Monsieur, dit Raoul, j'ignore[1] vos intentions… Mais pouvez-vous faire quelque chose pour moi? Je veux dire pour Christine Daaé?

— Je peux essayer de vous amener auprès d'elle[2]… et auprès de lui!

— Monsieur, si vous m'amenez auprès d'Erik, ma vie est à vous.

— Silence, dit le Persan. Ne prononçons plus ce nom-là. Disons *Il*; nous aurons moins de chances d'attirer son attention.

— Vous le croyez donc près de nous?

— Tout est possible, monsieur… s'il n'est pas, en ce moment, avec sa victime dans la demeure du Lac.

— Ah! vous aussi, vous connaissez cette demeure?

— S'il n'est pas dans cette demeure, il peut être dans ce mur, dans ce plancher, dans ce plafond!…»

Et le Persan entraîne Raoul dans des couloirs que le jeune homme n'a jamais vus.

<hr>

1. *j'ignore*: je ne sais pas, je ne connais pas
2. *auprès d'elle*: près d'elle

ℰXERCICES

A. Complétez la colonne A à l'aide des expressions de la colonne B.

A	B
1. Si je refuse de partir, vous m'emporterez…	a. de force
2. Les spectateurs poussent…	b. dans le noir
3. Le rideau… lentement.	c. au secours
4. Christine chante de…	d. des cris
5. Tout à coup, le théâtre est plongé…	e. toute son âme
6. Raoul court… dans le théâtre.	f. se lève
7. Un homme… arrête Raoul.	g. quelque chose
8. «Je vais… de Christine», dit Raoul.	h. dans ce mur
9. Pouvez-vous faire…?	i. comme un fou
10. Il peut être…	j. aux yeux de jade

B. Trouvez dans le texte un **synonyme** des mots en italique.

1. Je pense que nous avons imaginé *ce fantôme*.
2. Il *a beaucoup à faire*.
3. Essayons de *refaire* vos gestes.
4. Si je *ne veux pas* partir, vous m'emporterez.
5. Raoul *croit* quitter la terre.

C. Trouvez dans le texte le **contraire** des mots en italique.

1. Quelques secondes plus tard, la scène est *obscure*.
2. Le public attend une annonce dans *le silence*.
3. Le ténor fait une annonce d'une voix *légère*.
4. Nous sommes *calmes*.
5. Raoul se précipite sur la scène, fou *d'espoir*.

D. Donnez des mots de la même famille que les suivants.

1. dangereux
2. génie
3. travaille
4. grave
5. possible

COMMUNICATION

E. À vous la parole!

1. Le théâtre m'intéresse parce que…
2. J'aime parler à des étrangers parce que…

F. Le suspense

Un mystère entoure le Persan. Comment est-ce que Leroux crée ce mystère?

G. Activité de groupe

Jouez ce chapitre à partir de la représentation de *Faust*. La classe jouera les spectateurs et les gens que Raoul questionne.

PROJET

Dessinez une affiche publicitaire pour l'opéra *Faust*. Indiquez les dates, l'heure et le lieu des représentations, les noms des chanteurs, le prix des places, etc.

CHAPITRE XII

LE VICOMTE ET LE PERSAN

«J'espère, dit le Persan, que Darius sera arrivé.

— Qui est Darius? demande Raoul.

— Darius, c'est mon domestique.»

Ils montent et descendent plusieurs escaliers. Ils sont maintenant en face de la loge de Christine. 5

Raoul ignorait qu'on pouvait venir chez Christine par plusieurs chemins.

«Oh! monsieur, vous connaissez bien l'Opéra!

— Moins bien que lui!» dit modestement le Persan.

Et il pousse Raoul dans la loge. Il referme la porte et commence à 10 tousser très fort. Immédiatement, on frappe à la porte.

«Entre!» dit le Persan.

Un homme entre. Il porte, lui aussi, un bonnet d'astrakan.

Il salue et tire de son manteau une superbe boîte. Il la dépose sur la table, resalue[1] et sort rapidement. 15

Le Persan ouvre la boîte. Elle contient une paire de pistolets magnifiques.

«Tout de suite après l'enlèvement de Christine Daaé, j'ai ordonné à mon domestique de m'apporter ces armes. Je suis sûr de ces pistolets.

— Vous voulez vous battre en duel? interroge Raoul. 20

— C'est, en effet, à un duel que nous allons, monsieur, répond le Persan, qui examine ses pistolets. Et quel duel!»

Il donne un pistolet à Raoul et lui dit encore:

«Dans ce duel, nous serons deux contre un; mais, monsieur, vous devez savoir que notre adversaire[2] est un monstre terriblement 25

---

1. *resalue*: salue encore une fois
2. *adversaire*: ennemi

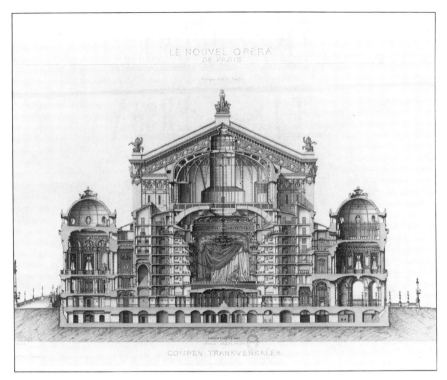

dangereux. Il commande aux murs, aux portes, aux trappes. Chez nous, on l'appelait l'amateur de trappes[1]. Mais, vous aimez Christine Daaé, n'est-ce pas?

— Si je l'aime[2], monsieur! Mais vous, vous ne l'aimez pas. Expliquez-moi pourquoi vous êtes prêt à risquer votre vie pour elle!... Vous haïssez certainement Erik!

— Non, monsieur, dit tristement le Persan, je ne le hais pas. Si je le haïssais, il y a longtemps qu'il ne ferait plus de mal.

— Il vous a fait du mal?

— Le mal qu'il m'a fait, je le lui ai pardonné.

— Il est extraordinaire de vous entendre parler de cet homme. Vous l'appelez un monstre. Mais, je retrouve chez vous[3] cette extraordinaire pitié que Christine, aussi, a pour lui.»

Le Persan ne répond pas. Il a placé un tabouret contre le mur opposé à la grande glace. Le nez sur le mur, il semble chercher quelque chose.

---

1. *l'amateur de trappes*: la personne qui s'intéresse aux trappes et les connaît
2. *(vous me demandez) si je l'aime*: naturellement, je l'aime
3. *chez vous*: en vous

«Eh bien, monsieur! dit Raoul. Je vous attends. Allons!

— Allons où? demande l'autre sans détourner la tête.

— Mais à la rencontre du monstre! Descendons! Vous m'avez dit que vous saviez comment!

— Je cherche.»

Et le Persan promène[1] son nez le long du mur.

«Ah! dit-il tout à coup, c'est là!» Et il appuie[2] son doigt sur un coin du mur.

Puis, il se retourne et descend du tabouret.

«Dans une demi-minute, dit-il, nous serons sur son chemin!»

Il traverse toute la loge et va tâter la glace.

«Non! Elle résiste encore, murmure-t-il.

— Oh! nous allons sortir par la glace, dit Raoul... Comme Christine!»

Le Persan tire Raoul contre lui. La main qui tient le pistolet appuie toujours sur la glace. La surface ressemble à une eau frissonnante, tremblante.

Soudain, le Persan dit:

«Et maintenant, attention! Soyez prêt à tirer!»

Il dresse lui-même son pistolet en face de la glace. Raoul imite

1. *promène*: passe
2. *appuie*: pousse

son geste. Tout à coup, la glace tourne et emporte Raoul et son compagnon. Ils passent de la pleine lumière à la plus profonde obscurité.

«La main haute, prête à tirer!» répète le Persan.

Derrière eux, le mur s'est refermé. Les deux hommes restent immobiles. Tout est silencieux.

Le Persan a allumé une petite lanterne. Il cherche quelque chose par terre. Tout à coup, Raoul entend un léger déclic[1]. Il distingue dans le plancher un carré lumineux. C'est comme si on voyait les dessous de l'Opéra par une fenêtre.

«Suivez-moi et faites comme moi», ordonne le Persan.

Il se suspend des mains à la lucarne[2] et se glisse dans les dessous. Il tient le pistolet entre ses dents. Raoul glisse, à son tour, et tombe dans les bras du Persan qui referme la trappe. Ils sont cachés par une cloison. Près de là, un escalier monte à une petite pièce où on entend des voix.

Dans la lumière faible, on distingue les objets. Raoul pousse un cri, car il vient d'apercevoir trois cadavres: le premier se trouve sur le palier du petit escalier, les deux autres en bas de cet escalier.

«Silence! murmure le Persan. *Lui*!»

Tout à coup, on entend la voix du régisseur[3]:

«Mauclair! Mauclair!»

Mauclair est le chef d'éclairage qui a disparu, lui aussi, ce soir-là.

«Mauclair! Mauclair!» répète la voix. Mais Mauclair ne répond pas.

Quelqu'un essaie de pousser la porte du palier. Elle résiste puisqu'un cadavre est devant. Enfin, elle s'ouvre.

«Mauclair!»

Le régisseur et une autre personne sortent et se penchent sur le cadavre. L'autre personne est le commissaire Mifroid.

«Le malheureux! Il est mort, gémit le régisseur.

— Non, dit Mifroid, il est ivre mort[4]! Ce n'est pas la même chose.

— Il ne boit jamais, déclare le régisseur.

— Alors, on lui a donné un narcotique… C'est bien possible.

— Regardez! crie encore le régisseur. Et il montre les deux autres cadavres. Ce sont les aides de Mauclair.»

Le commissaire les examine et déclare:

---

1. *déclic*: bruit
2. *la lucarne*: la petite fenêtre
3. *régisseur*: responsable de l'organisation d'un spectacle
4. *il est ivre mort*: il a beaucoup trop bu

«Ils dorment profondément. Très curieuse affaire! Il est évident qu'un inconnu a paralysé les éclairagistes pour enlever Christine Daaé. Curieuse! Très curieuse affaire! Allons chercher le médecin du théâtre.»

Tandis qu[1]'ils remontent l'escalier, le régisseur dit à son compagnon:

«Ce n'est pas la première fois que Mauclair s'endort. Je l'ai trouvé un soir endormi dans sa petite niche, à côté de sa tabatière[2]. C'était justement le soir où la Carlotta a lancé son fameux COUAC!

— À côté de sa tabatière? Mauclair prise[3] donc?

— Mais oui.

— Peut-être que le narcotique était dans le tabac!» Et Mifroid emporte la tabatière.

Les deux hommes disparaissent. Quelques instants plus tard, des machinistes viennent enlever les corps.

1. *tandis que*: pendant que
2. *tabatière*: boîte pour le tabac
3. *prise*: prend du tabac par le nez

ＥXERCICES

A. Complétez la colonne A à l'aide des expressions de la colonne B.

A	B
1. «Je connais l'Opéra... que lui.»	a. vous battre
2. Le Persan... de ses pistolets.	b. par la glace
3. Vous voulez... en duel?	c. à tirer
4. Je lui ai pardonné... qu'il m'a fait.	d. pousse
5. «Oh! nous allons sortir...», dit Raoul.	e. est sûr
6. La glace... Raoul et son compagnon.	f. moins bien
7. «La main haute, prête...», dit le Persan.	g. pousser
8. Raoul... un cri.	h. se penchent
9. Quelqu'un essaye de... la porte.	i. le mal
10. Ils... sur le cadavre.	j. emporte

B. Trouvez dans le texte un **synonyme** des mots en italique.

1. C'est mon *serviteur*.
2. Raoul *ne savait pas* qu'on pouvait venir par plusieurs chemins.
3. Il *se met à* tousser très fort.
4. Il *met* la boîte sur la table.
5. Notre adversaire est un monstre *extrêmement* dangereux.

C. Trouvez dans le texte le **contraire** des mots en italique.

1. Il *cesse de* tousser.
2. Il sort *lentement.*
3. Il vous a fait du *bien.*
4. Derrière eux, le mur s'est *rouvert.*
5. *Marchez devant* moi!

D. Donnez des mots de la même famille que les suivants.

1. porte
2. fort
3. déposer
4. sortir
5. crime

COMMUNICATION

E. À vous la parole!

1. J'ai/Je n'ai pas pitié d'Erik parce que…
2. Le tabac est dangereux parce que…

F. Le comique

Trouvez des passages amusants dans ce chapitre et dites pourquoi ils sont comiques.

G. Activité de groupe

Débat: Il faut interdire aux gens de posséder des armes.
Présentez le pour et le contre.

PROJET

Buquet est mort. Mauclair a disparu, Christine Daaé aussi. La police soupçonne quelqu'un. Les journaux publient une description du suspect. Vous êtes journaliste. Rédigez la description (taille, poids, couleur des yeux, couleur des cheveux, etc.) pour votre journal.

CHAPITRE XIII

DANS LES ESSOUS DE L'PÉRA

Après le départ des machinistes, le Persan rappelle à Raoul:

«Tenez constamment le pistolet à la hauteur de l'oeil! C'est une question de vie ou de mort. Maintenant, silence et suivez-moi!»

Ils sont alors dans le deuxième dessous. Quelques faibles lumières révèlent le monde fantasmagorique[1] des dessous de la scène à l'Opéra. 5

Raoul suit le Persan.

Ils descendent... Ils descendent encore plus bas dans cet effrayant labyrinthe...

Maintenant, les voilà dans le troisième dessous. Le Persan se retourne constamment vers Raoul. 10

«Tenez la main à la hauteur de l'oeil! répète-t-il.

— Sommes-nous loin du lac? interroge Raoul. Allons au lac! Allons au lac! Quand nous serons au lac, nous appellerons... Christine nous entendra! Et *lui* aussi nous entendra... Et puisque vous le connaissez, nous lui parlerons! 15

— Enfant! ricane le Persan. Nous n'entrerons jamais dans la demeure du Lac par le lac!

— Pourquoi cela?

— Parce que c'est là qu'il a toute sa défense. Il faut d'abord traverser le lac et il est bien gardé! Un conseil, monsieur, n'approchez 20 jamais du lac et n'écoutez jamais la voix de la sirène[2]!

— Et comment entrer dans la demeure du Lac sans passer par le lac?

— Par le troisième dessous, monsieur, où nous sommes maintenant. Je vais vous dire l'endroit exact: c'est près d'un décor 25

---

1. *fantasmagorique*: fantastique, surnaturel
2. *sirène*: femme-poisson de la mythologie grecque, qui attire les navigateurs par son chant

abandonné de *La Bohème*[1], exactement, exactement à l'endroit où est mort Joseph Buquet.

— Ah! ce chef machiniste qu'on a trouvé pendu?

— Oui, monsieur, et on n'a jamais retrouvé la corde!... Allons! du courage. Et en route! Votre main à la hauteur de l'oeil, monsieur...»

Ainsi, ils reviennent jusque sous les extraordinaires dessous de la scène.

Tout à coup, le Persan touche un mur et dit:

«Voici, je crois, un des murs de la maison du Lac.»

Ils se trouvent maintenant dans une sorte de cuve sous la scène.

Le lecteur doit savoir que, pour construire l'Opéra, on a creusé à quinze mètres au-dessous du niveau d'eau. On a retiré autant d'eau que possible, mais on a été obligé de garder un lac.

Pour protéger des eaux les précieux décors et la machinerie théâtrale, l'architecte a construit une double enveloppe[2]. La demeure d'Erik a été construite à l'intérieur de cette double enveloppe.

Le Persan frappe maintenant contre le mur de la première enveloppe intérieure.

«Attention! dit-il. Attention à la main! Et maintenant, silence!... car nous allons essayer de pénétrer chez lui!»

Ils avancent sur les genoux et arrivent au mur du fond. Contre ce mur, il y a un énorme décor abandonné de *La Bohème*.

... Et tout près de ce décor, un portant[3]...

Entre ce décor et ce portant, il y a tout juste la place pour un corps... un corps qu'un jour on a trouvé pendu... le corps de Joseph Buquet.

Le Persan, toujours sur ses genoux, s'arrête. Il écoute...

Il se glisse entre le portant et le décor abandonné. Raoul est sur ses talons[4].

La main libre du Persan tâte le mur. Tout à coup, il appuie... Et une pierre bouge!

Il y a maintenant un trou dans le mur. Le Persan se penche et examine l'intérieur du trou avec sa lanterne.

«Le trou est fort[5] étroit. Nous devons nous laisser tomber d'une hauteur de quelques mètres sans bruit. Enlevons nos chaussures.

---

1. *La Bohème*: opéra de Puccini
2. *une double enveloppe*: une double fondation
3. *portant*: support de décor
4. *est sur ses talons*: le suit de près
5. *fort*: très

Nous les retrouverons à la sortie*. Je vais me laisser tomber dans sa maison. Ensuite, vous ferez exactement comme moi.»

Le Persan se laisse tomber. Raoul écoute. Pas un appel!... Pas un gémissement!... Arrivent-ils trop tard?

Raoul, à son tour, se laisse tomber dans les bras du Persan. 5

Ils sont immobiles; ils écoutent. L'obscurité est totale.»

Raoul a envie de crier: «Christine! C'est moi!... Réponds-moi si tu n'es pas morte, Christine!»

Le Persan rallume sa lanterne. Il dirige les rayons au-dessus de leurs têtes. 10

«Oh! dit-il... le trou s'est refermé!»

Puis, la lanterne éclaire les murs et le parquet.

Le Persan ramasse quelque chose, une sorte de fil qu'il examine et puis rejette avec horreur.

«Le lacet de la mort! murmure-t-il. 15

— Qu'est-ce que c'est? demande Raoul.

— C'est probablement la corde du pendu qu'on a tant cherchée; la corde qui a tué Joseph Buquet.»

Anxieux, il continue à promener la lumière de sa lanterne sur les murs. Ainsi, il éclaire un tronc d'arbre, un arbre en fer dont les 20 branches de fer montent jusqu'au plafond.

Les rayons de lumière semblent se refléter. Raoul passe la main sur ce reflet.

«Tiens![1] dit-il... le mur, c'est une glace!

— Oui, une glace!» dit le Persan. Et il ajoute, la voix tremblante: 25
«Nous sommes tombés dans la chambre des supplices[2]!»

---

*Les chaussures n'ont pas été retrouvées. (note de l'auteur)

1. *Tiens!*: Oh! (marque la surprise)

2. *chambre des supplices*: chambre des tortures

$\mathscr{E}$XERCICES

COMPRÉHENSION

A. Choisissez la meilleure expression pour compléter la phrase. Respectez le texte.

1. Tenez le pistolet à la hauteur de (la main, l'oeil, le bras).

2. Nous (n'entrerons, ne sortirons, ne partirons) jamais dans la demeure du Lac par le lac.

3. (N'écoutez, N'entendez, N'approchez) jamais la voix de la sirène!

4. On n'a jamais retrouvé (la scène, le décor, la corde).

5. La demeure d'Erik a été construite (à l'extérieur, entre, à l'intérieur) de la double enveloppe.

6. La main libre du Persan (tâte, appuie, bouge) le mur.

7. Nous retrouverons nos (pistolets, talons, chaussures) à la sortie.

8. Le trou s'est (rouvert, refermé, construit).

9. Le lacet de la mort a (tué, aidé, pendu) Joseph Buquet.

10. La lanterne éclaire un arbre (en fer, en carton, en bois).

B. Trouvez dans le texte un **synonyme** des mots en italique.

1. Tenez *tout le temps* le pistolet à la hauteur de l'oeil.

2. Raoul *est sur les talons du* Persan.

3. Maintenant, *ils arrivent* dans le troisième dessous.

4. Nous ne *pénétrerons* jamais dans la demeure du Lac par le lac.

5. *N'allez* jamais *près* du lac!

C. Trouvez dans le texte le **contraire** des mots en italique.

1. Il faut *ensuite* traverser le lac.

2. On a creusé à quinze mètres *au-dessus* du niveau d'eau.

3. Nous allons essayer de *sortir de* chez lui.

4. Le trou est fort *large*.

5. Arrivent-ils trop *tôt*?

D. Donnez des mots de la même famille que les suivants.

1. machine

2. haut

3. trois

4. exact

5. reflet

COMMUNICATION

E. À vous la parole!

À votre avis, pourquoi et comment les chaussures ont-elles disparu?

F. Le suspense

La lumière, ou l'absence de lumière, est importante pour créer le suspense. Trouvez les passages où il est question de lumière dans ce chapitre.

G. Activité de groupe

Imaginez que vous partez camper en groupe. Une partie du voyage se fait en canot. Faites une liste des objets et des vêtements que vous emportez.

PROJET

Dans ce chapitre, il est question de la *sirène du lac*. La *sirène* est une créature mythique. Faites des recherches sur une autre créature mythique.

CHAPITRE XIV

DANS LA DEMEURE D'ERIK

◆ RÉCIT DU PERSAN ◆

Le Persan a raconté par écrit* ses aventures dans les dessous de l'Opéra. Voici son récit.

Depuis mon arrivée à Paris, je vais régulièrement à l'Opéra. Un jour, j'y ai retrouvé Erik; Erik, *l'amateur de trappes*, comme on l'appelait dans mon pays. Avec ses trappes, il a détruit des familles entières en Perse. C'est pourquoi on l'a condamné à mort. Moi, je lui ai sauvé la vie parce que j'admirais son intelligence, parce que j'avais pitié de sa laideur. 5

Je me considère donc responsable des actions d'Erik. J'ai commencé à le surveiller. J'ai vite découvert ses rapports avec Christine Daaé et j'ai eu peur pour elle. J'ai essayé de pénétrer dans la demeure du Lac par le lac. Hélas! après avoir quitté la rive, j'ai entendu un son extraordinaire: en même temps une respiration et un chant qui montaient de l'eau. Je me suis penché pour mieux entendre... Le lac était parfaitement calme, éclairé par un rayon de lune; mais la surface était noire comme l'encre. 10 15

J'ai compris que j'étais devant une nouvelle invention d'Erik, mais le charme de la musique était irrésistible. Je me penchais, je me penchais...

Soudain, deux bras monstrueux sont sortis de l'eau et m'ont pris par le cou. J'ai cru mourir. J'ai crié et Erik m'a reconnu. 20

Car c'était Erik. Il m'a déposé doucement sur la rive.

«Vois comme tu es imprudent, m'a-t-il dit. Pourquoi veux-tu pénétrer dans ma demeure? Je ne t'ai pas invité. Je veux rester seul. Tu m'as sauvé la vie. Erik l'oubliera peut-être un jour. Et tu sais que rien ne peut retenir Erik, pas même Erik lui-même.» 25

---

*Il explique lui-même ses raisons plus tard.

J'ai voulu connaître le mystère de la voix du lac. Il m'a montré une longue tige de roseau.

«C'est facile pour respirer et pour chanter dans l'eau», a-t-il dit.

Je lui ai parlé sévèrement:

5 «C'est un truc dangereux qui peut tuer quelqu'un. Tu m'as promis Erik, plus de crimes. Mais, dis-moi!... Le lustre?

— Le lustre?

— Oui, le lustre, Erik!

— Ah! ça, le lustre, a-t-il ricané... Je veux bien te le dire!... Le

10 lustre, ça n'est pas moi!... Il était très usé, le lustre... Très usé, cher Daroga*... Il est tombé tout seul... Il a fait boum! Et maintenant, un conseil, Daroga! N'essaie jamais d'entrer dans ma maison... Si les secrets d'Erik ne restent plus les secrets d'Erik, tant pis pour beaucoup de ceux de la race humaine[1].»

15 Depuis ce jour-là, j'ai renoncé à[2] entrer chez Erik par le lac. Mais j'ai continué à le surveiller. J'ai bientôt découvert le truc qui faisait pivoter le mur de la loge. J'ai remarqué les briques creuses qui permettaient à Erik de parler à travers le mur. Et j'ai aussi trouvé la trappe qu'il utilisait pour pénétrer sous la scène.

20 J'avais remarqué qu'Erik était souvent dans le troisième dessous, près d'un décor abandonné de *La Bohème*. J'ai attendu, caché derrière ce décor. Un jour, j'ai vu le monstre sur ses genoux. J'ai vu comment il entrait chez lui. Maintenant que je connaissais son secret, je pouvais pénétrer dans la maison du Lac sans traverser le lac.

25 L'enlèvement de Christine Daaé a surpris tout le monde, excepté moi. J'ai pensé que, cette fois, c'était la fin pour Christine et peut-être pour tout le monde!

J'ai décidé d'agir immédiatement. J'ai demandé au pauvre petit vicomte de m'accompagner.

30 J'espérais qu'Erik était avec Christine dans la maison du Lac. Peut-être qu'il préparait déjà pour nous le lacet de la mort? Personne ne sait, comme Erik, lancer le lacet.

Je voulais protéger le vicomte de Chagny. Dans les dessous, nous n'aurions pas l'occasion de tirer, car Erik serait invisible. Mais il

35 pouvait toujours nous étrangler. Je n'avais pas le temps d'expliquer tout cela au vicomte. Je lui ai seulement commandé de tenir sa main à la hauteur de l'oeil. Le lacet est alors inutile, car il prend la main en même temps que le cou.

Daroga: en Perse, commandant de la police du gouvernement (note de l'auteur)
1. *tant pis pour beaucoup de ceux de la race humaine*: la race humaine est en danger
2. *j'ai renoncé à*: je n'ai plus essayé de

Le lacet est une invention diabolique; mais la plus étrange, la plus horrible et la plus dangereuse des inventions d'Erik est *la chambre des supplices*. Quand le visiteur qui est entré dans cette chambre en a assez[1], il peut se suicider. Le lacet de la mort est à sa disposition au pied de l'arbre de fer.

À Paris, dans les dessous de l'Opéra, Erik avait reconstitué la chambre des supplices inventée en Perse: une chambre hexagonale, entièrement couverte de glaces, sans porte visible. Dans un coin, l'arbre de fer, avec sa branche de fer pour les pendus.

J'imaginais la mort de Joseph Buquet. Il avait probablement découvert le passage secret. Curieux, il avait pénétré dans le passage et était tombé dans la chambre des supplices. J'imaginais Erik qui traînait le cadavre et le suspendait au décor de *La Bohème*. Mais il venait bientôt reprendre le lacet. Il est fait d'une matière spéciale et il pouvait exciter la curiosité de la police.

Maintenant, je découvrais le lacet à nos pieds dans la chambre des supplices. Je ne suis pas lâche, mais ma lanterne tremblait dans ma main.

---

1. *en a assez*: est désespéré, n'a plus d'espoir

*E*XERCICES

A. Vrai ou faux?

1. Le Persan a raconté ses aventures à Raoul.
2. Erik a sauvé la vie au Persan.
3. La lune brillait quand le Persan a traversé le lac.
4. Erik dit que le lustre n'était pas usé.
5. Erik parlait à travers des briques creuses.
6. L'enlèvement de Christine Daaé a surpris le Persan.
7. Le lacet est inutile si on tient la main à la hauteur de l'oeil.
8. La chambre des supplices est une invention moins dangereuse que le lacet de la mort.
9. Le lacet de la mort est suspendu à l'arbre de fer.
10. La chambre des supplices était hexagonale.

B. Trouvez dans le texte un **synonyme** des mots en italique.

1. Depuis *que je suis arrivé* à Paris, je vais à l'Opéra.
2. Le lac était *complètement* calme.
3. J'ai aussi *découvert* la trappe.
4. J'ai demandé au vicomte de *venir avec moi*.
5. Je lui ai *ordonné* de tenir sa main à la hauteur de l'oeil.

C. Trouvez dans le texte le **contraire** des mots en italique.

1. J'étais devant une *ancienne* invention d'Erik.
2. Il m'a déposé *brutalement* sur la rive.
3. «Comme tu es *prudent*», m'a-t-il dit.
4. J'ai pensé que, cette fois, c'était *le commencement* pour Christine.
5. Le lacet de la mort est au *sommet* de l'arbre de fer.

D. Donnez des mots de la même famille que les suivants.

1. laid
2. ordinaire
3. poser
4. enlever
5. danger

COMMUNICATION

E. À vous la parole!

1. Le Persan a eu raison/tort de sauver la vie à Erik parce que…
2. Erik est intelligent parce que…

F. Le suspense

Trouvez les mots ou les expressions qui créent du suspense dans ce chapitre.

G. Activité de groupe

Choisissez une personne pour jouer le rôle du Persan. Les autres membres du groupe doivent questionner le Persan au sujet de ses aventures en Perse ou à Paris.

PROJET

Vous êtes Erik. Vous tenez un journal. Racontez l'épisode Joseph Buquet.

CHAPITRE XV

DANS LA CHAMBRE DES SUPPLICES

✦ SUITE DU RÉCIT DU PERSAN ✦

Tout à coup, nous avons entendu distinctement ces mots:
«La messe[1] des morts ou la messe de mariage! Choisis!»
C'était la voix du monstre.
J'étais sûr maintenant qu'Erik ne savait pas que nous étions là.
Autrement, nous ne l'aurions pas entendu. Et puis, les supplices   5
auraient commencé tout de suite.
«La messe des morts, ce n'est pas gai, a dit la voix, mais la messe
de mariage, c'est magnifique. Je ne peux pas continuer à vivre comme
ça, dans un trou, au fond de la terre! *Don Juan triomphant* est
terminé. Maintenant, je veux vivre comme tout le monde. Nous nous   10
promènerons le dimanche. J'ai inventé un masque qui me fait un
visage ordinaire. Tu seras la plus heureuse des femmes. Tu pleures! Tu
as peur de moi! Je ne suis pas méchant au fond[2]! Aime-moi et tu verras!»
Des gémissements accompagnaient cette déclaration d'amour.
«Tu ne m'aimes pas! Tu ne m'aimes pas!»   15
Enfin, Erik a dit, plus doucement:
«Pourquoi pleures-tu? Tu sais bien que tu me fais de la peine.»
Un silence.
Comment envoyer un signal à Christine? Elle seule pouvait nous
ouvrir la porte secrète.   20
Tout à coup, on a entendu le bruit d'une sonnerie électrique. Erik
a ricané:
«Qui vient encore nous déranger? Attends-moi! Je vais dire à la
sirène du lac d'ouvrir.»
Une porte s'est fermée.   25

---

1. *messe*: rite catholique
2. *au fond*: vraiment

Le vicomte appelait déjà Christine:
«Christine! Christine! C'est moi, Raoul.

— Raoul!… Raoul!…»

Christine nous a appris rapidement qu'Erik était fou d'amour:

«Il est décidé à tuer tout le monde et lui-même avec[1] si je ne consens pas à devenir sa femme. Je dois donner ma réponse demain soir, avant onze heures. Erik a dit: *Oui ou non! Si c'est non, tout le monde est mort et enterré!*

— Pouvez-vous ouvrir la porte? ai-je demandé.

— Non! Je suis attachée… Je ne peux pas bouger. Mais où êtes-vous donc? Il y a deux portes dans ma chambre: une porte par où entre et sort Erik et une autre porte qu'il m'a défendu d'ouvrir. Il dit que c'est la plus dangereuse des portes: la porte des supplices.

— Christine, nous sommes derrière cette porte.

— Vous êtes dans la chambre des supplices?

— Oui, mais nous ne voyons pas la porte, a dit Raoul.

— Elle s'ouvre avec une serrure? ai-je demandé.

— Oui, avec une serrure.»

J'ai pensé: Elle s'ouvre de l'autre côté avec une clef et de ce côté-ci, avec un ressort. Mais comment trouver ce ressort?

«Il faut trouver la clef de cette porte, ai-je dit.

— Je sais où elle est, a répondu Christine… Mais je ne peux pas bouger…»

Elle pleurait.

«Où est la clef? ai-je demandé.

— Dans sa chambre, à côté de l'orgue, avec une autre petite clef dans un sac. Il appelle ce sac: *Le petit sac de la vie et de la mort*. Il m'a défendu de toucher à ce sac. Raoul… fuyez! Erik est fou!

— Christine, a dit le jeune homme, nous sortirons d'ici ensemble ou nous mourrons ensemble.

— Nous sortirons d'ici si nous restons calmes, ai-je dit. Mademoiselle, le monstre vous a attachée, il vous détachera. N'oubliez pas qu'il vous aime. Jouez la comédie[2]. Dites-lui que les liens vous font mal.

— Chut!… a dit Christine. C'est lui!… Allez-vous-en!… Allez-vous-en!…

— Nous ne pouvons pas partir, ai-je répondu, même si nous voulions.

---

1. *avec*: aussi
2. *Jouez la comédie*: Mentez

— Silence!» a dit encore Christine.

Nous avons entendu des pas, puis un cri d'horreur. Ensuite, la voix d'Erik a dit:

«*Tu me regardes comme ça parce que je suis mouillé?* C'est la faute de l'intrus[1]. Pourquoi a-t-il sonné? Il ne sonnera plus jamais! 5

— Je souffre, Erik. Détachez-moi. Je ne peux pas m'enfuir, vous le savez bien.

— Là, es-tu contente? Mon Dieu, tes poignets, Christine! Je t'ai fait mal… Cela mérite la mort… À propos de mort, je vais chanter sa messe des morts à l'intrus.» 10

Je me demandais qui était l'intrus.

Puis, nous avons entendu un chant sublime et furieux.

Mais, soudain, le chant et l'orgue se sont arrêtés. Une voix terrible a demandé:

«Qu'est-ce que tu as fait de mon sac?» 15

---

1. *intrus*: personne qui n'est pas invitée

ℰXERCICES

A. Rétablissez l'ordre chronologique des événements suivants.

  a. Soudain, l'orgue s'arrête.

  b. Erik détache Christine.

  c. Erik revient mouillé.

  d. Christine dit que la clef est dans *le petit sac de la vie et de la mort.*

  e. Christine dit qu'elle doit donner sa réponse le lendemain soir, avant onze heures.

  f. Erik dit à Christine de choisir entre la messe des morts et la messe de mariage.

  g. Le Persan demande si Christine peut ouvrir la porte.

  h. Erik va dire à la sirène du lac d'ouvrir.

  i. On entend le bruit d'une sonnerie électrique.

  j. «*Don Juan triomphant* est terminé», dit Erik.

B. Trouvez dans le texte un **synonyme** des mots en italique.

  1. Nous avons entendu *clairement* ces mots.

  2. La messe de mariage, c'est *superbe.*

  3. Je ne peux pas continuer à vivre *au coeur* de la terre.

  4. Il est décidé à tuer tout le monde si *je n'accepte pas* de devenir sa femme.

  5. Je ne peux pas *me sauver*, vous le savez bien.

C. Trouvez dans le texte le **contraire** des mots en italique.

  1. Je ne suis pas *bon*, au fond.

  2. Il y a une autre porte qu'il m'a *permis* d'ouvrir.

  3. Elle s'ouvre *de ce côté-ci* avec une clef.

4. Le monstre vous *attachera*.

5. Il sonnera *encore*.

D. Donnez des mots de la même famille que les suivants.

1. autre
2. sûr
3. sonnerie
4. lien
5. pas

COMMUNICATION

E. À vous la parole!

1. Erik souffre parce que…
2. Le Persan est plus calme que Raoul parce que…

F. Le suspense

Quels éléments contribuent à créer le suspense dans ce chapitre?

G. Activité de groupe

Interprétez le dialogue entre les protagonistes de ce chapitre.

PROJET

Imaginez et décrivez la rencontre entre Erik et l'intrus.

CHAPITRE XVI

LES SUPPLICES COMMENCENT

◆ SUITE DU RÉCIT DU PERSAN ◆

La voix répétait avec fureur:

«Qu'est-ce que tu as fait de mon sac? Tu voulais que je te détache pour me prendre mon sac?»

On a entendu des pas. Christine revenait près de la chambre des supplices.

«Pourquoi fuis-tu? demandait la voix rageuse d'Erik.

— Écoutez-moi, Erik, a imploré la jeune femme. Nous allons maintenant vivre ensemble... Les choses qui sont à vous sont à moi aussi.

— Vous savez bien qu'il y a deux clefs dans le sac. Qu'est-ce que vous voulez faire? a demandé Erik.

— Laissez-moi visiter cette chambre que je ne connais pas, a-t-elle dit.

— Je n'aime pas les gens curieux! a répondu Erik. Allons, rendez-moi mon sac!...»

Christine a gémi... Erik avait repris le sac.

À ce moment, le vicomte a poussé un cri de rage.

«Ah! mais! a dit le monstre... Qu'est-ce que c'est que ça?... Tu n'as pas entendu, Christine?

— Non! Non! a répondu la malheureuse. Je n'ai rien entendu.

— Moi, j'ai entendu un cri.

— Un cri! Est-ce que vous devenez fou, Erik?... C'est moi qui ai crié parce que vous me faisiez mal! Moi, je n'ai rien entendu!

— Comme tu me dis cela!... Tu trembles!... Tu mens!... On a crié!... On a crié!... Il y a quelqu'un dans la chambre des supplices!... Ah! je comprends maintenant!

— Il n'y a personne, Erik!...

— Je comprends!...

— Personne!

— Ton fiancé, peut-être!…

— Eh! je n'ai pas de fiancé!… Vous le savez bien!…

— C'est facile à savoir… Ma petite Christine, mon amour… il n'est pas nécessaire d'ouvrir la porte pour voir dans la chambre des supplices… Veux-tu voir? Veux-tu voir?… S'il y a quelqu'un, une fenêtre invisible, près du plafond, va s'illuminer… Je tire le rideau noir et j'éteins ici… Là, j'éteins… Tu n'as pas peur, la nuit, en compagnie de ton petit mari!…»

Puis, on a entendu la voix tremblante de Christine:

«Non!… J'ai peur!… Je vous dis que j'ai peur la nuit!… Cette chambre ne m'intéresse plus.»

Alors, automatiquement, la lumière nous a inondés!

«Je te disais qu'il y avait quelqu'un! Là, vois-tu maintenant, la fenêtre?… La fenêtre lumineuse!… Là-haut!… La personne qui est derrière ce mur ne la voit pas!… Mais toi, tu vas monter sur l'échelle et regarder par la fenêtre…»

Nous avons entendu mettre l'échelle contre le mur.

«Monte donc!… Non!… Non, je vais monter, moi, ma chérie!

— Eh bien, oui… Je vais voir… Laissez-moi!

— Ah! ma petite chérie!… Ma petite chérie!… Que vous êtes mignonne[1]… À mon âge, je n'aime pas les échelles… Vous me direz comment son nez est fait!… Quel bonheur ont les gens qui possèdent un nez!… S'ils le savaient, ils ne viendraient pas se promener dans la chambre des supplices!»

À ce moment, nous avons entendu ces mots au-dessus de nos têtes:

«Mon ami, il n'y a personne!…

— Personne?… Vous êtes sûre qu'il n'y a personne? a répondu Erik.

— Non… Il n'y a personne…

— Eh bien, tant mieux!… Qu'est-ce que vous avez, Christine? Là!… Descendez!… Là!… Calmez-vous!

— Mais, dites donc, Erik… Il n'y a pas d'instruments de supplice là-dedans!… Savez-vous que vous m'avez fait peur!…

— Pourquoi, s'il n'y a personne!…

— Dites-moi, Erik, pourquoi avez-vous appelé cette chambre la chambre des supplices?

— Oh! c'est bien simple. D'abord, qu'est-ce que vous avez vu?

— J'ai vu une forêt!…

---

1. *Que vous êtes mignonne.*: Comme vous êtes aimable.

— Et qu'est-ce qu'il y a dans une forêt?
— Des arbres!…
— Et qu'est-ce qu'il y a dans un arbre?
— Des oiseaux…
— Tu as vu des oiseaux?…
— Non, je n'ai pas vu d'oiseaux…

5

— Alors, qu'est-ce que tu as vu? Cherche... Tu as vu des branches! Et qu'est-ce qu'il y a dans une branche? a dit la voix terrible... Il y a un gibet[1]! Voilà pourquoi j'appelle ma forêt la chambre des supplices!... Moi, je ne parle pas comme les autres...
5 Mais, j'en ai assez! J'en ai assez!... Je veux être comme tout le monde. Je veux avoir un appartement tranquille, avec des portes et des fenêtres ordinaires, et une honnête femme dedans!... Ma petite Christine!... Ma petite Christine!... Tu m'écoutes?... Tu m'aimes!... Non, tu ne m'aimes pas!... Mais ça ne fait rien[2]! Tu m'aimeras!
10 L'amour vient après le mariage! Tu t'amuseras bien avec moi! Personne ne sait, comme moi, faire le ventriloque! Je suis le premier ventriloque du monde!... Tu ris!... Tu ne me crois pas, peut-être!... Écoute!...»

Christine répétait à plusieurs reprises:
15 «Éteignez la lumière de la petite fenêtre!... Erik, éteignez donc!...»

Erik continuait à faire le ventriloque. Il disait:
«Regarde, je soulève mon masque! Oh! un peu seulement... Tu vois mes lèvres? Mes espèces de[3] lèvres? Elles ne bougent pas!... Ma
20 bouche est fermée... Mon espèce de bouche... Et cependant, tu entends ma voix!... Je parle avec mon ventre... On appelle ça être ventriloque!... Écoute ma voix... Elle va partout. La voici dans le petit sac. Qu'est-ce qu'elle dit? *Je suis le petit sac de la vie et de la mort!* Et maintenant, crac!... La voici dans la gorge de la Carlotta. Qu'est-
25 ce qu'elle dit? Elle dit: *C'est moi, monsieur crapaud! C'est moi qui chante: J'écoute cette voix solitaire... COUAC!... Qui chante dans mon COUAC!...* Et maintenant, elle est sur une chaise de la loge du fantôme... Et elle dit: *Madame Carlotta chante ce soir à décrocher le lustre!...* Et maintenant, crac!... Ah! ah! ah! ah!... Où est la voix
30 d'Erik?... Écoute, Christine, ma chérie!... Écoute... Elle est derrière la porte de la chambre des supplices!... Et qu'est-ce que je dis? Je dis: *Malheur à ceux[4] qui ont le bonheur d'avoir un nez et qui viennent se promener dans la chambre des supplices!...* Ah! ah! ah!»

Maudite voix du formidable ventriloque! Elle était partout,
35 partout!... Elle passait par la fenêtre invisible... Elle courait autour de nous... Erik était là!... Il nous parlait!...

---

1. *un gibet*: on y pend les condamnés à mort
2. *ça ne fait rien*: cela n'a pas d'importance
3. *espèces de*: sortes de
4. *malheur à ceux*: ces personnes seront punies

Enfin, nous avons entendu la voix de Christine:

«Erik! Erik!... Votre voix me fatigue. Taisez-vous, Erik!... Ne trouvez-vous pas qu'il fait chaud ici?

— Oh! oui! répond la voix d'Erik, la chaleur devient insupportable!

— Qu'est-ce que c'est que ça!... s'écrie Christine. Le mur est chaud!... Le mur est brûlant!...

— Je vais vous dire, Christine, ma chérie, c'est à cause de la forêt d'à côté...

— Eh bien, que voulez-vous dire: ... la forêt?...

— Vous n'avez donc pas vu: c'est une forêt d'Afrique, une forêt équatoriale?»

Et le monstre a ri, a ri. Le vicomte de Chagny criait et frappait contre les murs comme un fou. Mais on entendait seulement le formidable rire du monstre. Puis, il y a eu le bruit d'un corps qui tombe, puis d'une porte qu'on ferme. Puis, autour de nous, le silence brûlant, au coeur d'une forêt d'Afrique à midi!...

ℰXERCICES

A. Complétez la colonne A à l'aide des expressions de la colonne B.

A	B
1. Le vicomte a… de rage.	a. quelqu'un
2. J'ai crié parce que vous…	b. sur l'échelle
3. Il y a… dans la chambre des supplices.	c. personne
4. Une fenêtre invisible va…	d. tout le monde
5. Tu vas monter…	e. quel bonheur
6. … ont les gens qui possèdent un nez.	f. me faisiez mal
7. Vous êtes sûre qu'il n'y a…	g. poussé un cri
8. Je veux être comme…	h. s'illuminer
9. La Carlotta chante… le lustre.	i. à décrocher
10. C'est… de la forêt d'à côté.	j. à cause

B. Trouvez dans le texte un **synonyme** des mots en italique.

1. «Écoutez-moi», a *supplié* la jeune femme.
2. Qu'est-ce que vous *avez l'intention* de faire?
3. *Permettez-moi de* visiter cette chambre.
4. Le vicomte a poussé un cri de *fureur*.
5. Je suis le *meilleur* ventriloque du monde.

C. Trouvez dans le texte le **contraire** des mots en italique.

1. C'est *difficile* à savoir.
2. Tu vas *descendre de* l'échelle.
3. Oh! c'est bien *compliqué*!
4. Je veux un appartement avec des fenêtres *extraordinaires*.
5. *Allumez* la lumière!

D. Donnez des mots de la même famille que les suivants.

1. rage
2. bonheur
3. lumière
4. trembler
5. aimer

COMMUNICATION

E. À vous la parole!

1. Erik est brutal ici parce que…
2. Le vicomte de Chagny est incapable de se contrôler parce que…

F. L'amour

L'amour pousse Erik à la cruauté. Trouvez des exemples de cette cruauté causée par l'amour.

G. Activité de groupe

Imaginez, écrivez et jouez le dialogue entre Raoul et le Persan.

PROJET

Pour sauver Raoul, Christine ment beaucoup. Faites la liste de ces «pieux» mensonges.

CHAPITRE XVII

DANS LA FORÊT ÉQUATORIALE

◆ SUITE DU RÉCIT DU PERSAN ◆

L'apparition de la forêt ne m'a pas surpris. J'écoutais la conversation de Christine et du monstre. En même temps, je regardais la glace qui reflétait la forêt. Cette glace, par endroits[1], était brisée.

Oui, on avait abîmé cette glace. Cela me prouvait qu'elle avait déjà servi[2]! 5

Oui! oui! Joseph Buquet avait passé par là!…

Allions-nous mourir comme lui?

Je ne le pensais pas, car nous avions quelques heures devant nous. Contrairement à Joseph Buquet, je connaissais la plupart des «trucs» d'Erik. 10

Je savais que nous ne pouvions pas remonter dans le troisième dessous. Nous avions sauté de trop haut. Il n'y avait qu'une issue[3] possible: la chambre où étaient Christine et Erik. Mais la porte était totalement invisible pour nous.

D'abord, j'ai essayé de calmer M. de Chagny. Il criait, il se 15 frappait le front contre le reflet de la forêt.

«Nous sommes dans une petite chambre, ai-je dit, pas dans une forêt. Répétez-vous cela! Nous sortirons de la chambre quand nous aurons trouvé la porte. Eh bien, cherchons-la!»

Mais il s'est allongé[4] par terre et a dit qu'il attendrait. 20

J'ai essayé d'oublier la forêt. J'ai commencé à tâter un panneau de glace, pour y trouver le point faible. Ce point faible pouvait être une simple tache. On appuie sur cette tache pour déclencher un ressort[5].

---

1. *par endroits*: ici et là
2. *qu'elle avait déjà servi*: qu'on avait passé par là
3. *Il n'y avait qu'une issue.*: Il y avait seulement une sortie.
4. *il s'est allongé*: il s'est couché
5. *pour déclencher un ressort*: pour mettre un ressort en mouvement

Je cherchais! Je cherchais! Hélas! je ne trouvais pas le ressort. Je ne trouvais que des branches… Mais elles ne donnaient pas d'ombre! C'était naturel puisque nous étions dans une forêt équatoriale avec le soleil au-dessus de nos têtes.

5   Moi, je restais calme, mais M. de Chagny me semblait complètement «parti». Il croyait voir Christine à travers les branches et criait: «Christine! Christine, pourquoi est-ce que tu fuis? Pourquoi ne m'aimes-tu pas? Christine, arrête-toi!… Tu vois bien que je suis épuisé[1]!… Je vais mourir dans la forêt… loin de toi!…»

10   Désespéré, il m'a dit enfin: «Oh! j'ai soif».

Moi aussi, j'avais soif…

La nuit est venue, aussi chaude que le jour.

Le lendemain, nous étions au bord d'un désert, d'un immense désert de sable et de pierres. Exténué[2], je me suis couché à côté du
15   vicomte.

Nous commencions à mourir de chaleur, de faim, de soif… de soif surtout… Enfin, M. de Chagny m'a indiqué un point de l'horizon… Il avait découvert l'oasis!…

Mais ça, c'était le mirage… le plus terrible. J'essayais de garder
20   ma raison… *de ne pas espérer l'eau*. Je savais que, si on espérait l'eau, il n'y avait qu'une chose à faire: se pendre à l'arbre de fer.

Alors, j'ai crié à M. de Chagny:

«C'est le mirage!… C'est le mirage!… Ne croyez pas à l'eau!…»

Mais il m'a dit que j'étais fou et il répétait:
25   «De l'eau! De l'eau!…»

Et il avait la bouche ouverte, comme s'il buvait.

Et moi aussi, j'avais la bouche ouverte, comme si je buvais.

Car non seulement nous voyions l'eau, mais nous l'entendions!… Nous l'entendions couler… clapoter!… Comprenez-vous ce mot
30   clapoter?… C'est un mot qu'on entend avec la langue!… La langue sort de la bouche pour mieux l'écouter!…

Enfin, le supplice le plus intolérable: nous entendions la pluie et il ne pleuvait pas! Nos yeux et nos oreilles étaient pleins d'eau, mais notre langue était sèche!
35   M. de Chagny a léché la glace… et moi aussi… j'ai léché la glace…

Elle était brûlante!…

Alors, M. de Chagny a approché le pistolet de sa tempe[3]… et

---

1. *épuisé*: très fatigué
2. *exténué*: très fatigué
3. *sa tempe*: son front

moi, j'ai regardé, à mes pieds, le lacet de la mort.

L'arbre de fer m'attendait.

Mais comme[1] je regardais le lacet de la mort, j'ai poussé un cri. J'ai saisi le bras de M. de Chagny. Il murmurait déjà: «Adieu, Christine!...»

Je venais de découvrir près du lacet, dans une planche du parquet, un clou noir. Enfin! j'avais trouvé le ressort! Le ressort qui allait ouvrir la porte... qui allait nous donner la liberté!...

Et alors...

Et alors, ce n'est pas une porte dans le mur qui s'est ouverte, mais une trappe dans le plancher. Tout à coup, de l'air frais est arrivé de ce trou noir. Nous nous sommes penchés. Nous buvions l'air frais.

Il y avait peut-être dans ce trou de l'eau...

De l'eau pour boire...

J'ai allongé le bras et j'ai rencontré une pierre, une autre pierre, un escalier qui descendait à la cave.

Nous avons bientôt été au bas de l'escalier. Avec ma lanterne, j'ai éclairé des formes, des formes rondes...

Des tonneaux!...

Nous étions dans la cave d'Erik!

C'est dans ces tonneaux qu'il enfermait son vin, sans doute, et son eau potable... Je savais qu'Erik aimait les bons vins.

M. de Chagny caressait les tonneaux et répétait:

«Des tonneaux! Des tonneaux!... Que de tonneaux![2]...»

Nous les examinions pour essayer de trouver un robinet, mais tous les tonneaux étaient hermétiquement clos[3].

Alors, avec la lame d'un petit couteau, nous avons fait un trou dans un tonneau.

Le vicomte a mis ses deux mains sous le trou.

«Qu'est-ce que c'est que ça? s'est-il écrié... Ce n'est pas de l'eau!»

Le vicomte a approché ses deux mains de ma lanterne... Aussitôt, j'ai lancé ma lanterne loin de nous...

Dans les mains de M. de Chagny, j'avais vu de la poudre!

---

1. *comme*: pendant que
2. *Que de tonneaux!*: Quelle grande quantité de tonneaux!
3. *hermétiquement clos*: parfaitement fermé

EXERCICES

A. Répondez aux questions suivantes par des phrases complètes.

1. Qu'est-ce que le Persan a remarqué quand il regardait la glace?
2. Qui avait abîmé la glace?
3. Quel avantage avait le Persan sur Joseph Buquet?
4. Pourquoi Raoul et le Persan ne pouvaient-ils pas remonter dans le troisième dessous?
5. Pourquoi est-ce que le Persan tâtait la glace?
6. Pourquoi est-ce que les branches ne donnaient pas d'ombre?
7. De quoi Raoul et le Persan souffraient-ils surtout?
8. Comment était la glace quand ils l'ont léchée?
9. Pourquoi le Persan a-t-il crié?
10. Qu'est-ce qu'ils ont trouvé dans les tonneaux?

B. Trouvez dans le chapitre les mots qui:

1. suggèrent la chaleur
2. suggèrent un liquide

COMMUNICATION

C. À vous la parole!

1. La grande chaleur est un supplice plus terrible que le grand froid parce que…
2. Il n'y a pas d'espoir pour Raoul et le Persan parce que…

D. Le suspense

Dites pourquoi le suspense est particulièrement intense dans ce chapitre.

E. Activité de groupe

Le Persan et Raoul sont victimes d'hallucinations. Décrivez ces hallucinations.

PROJET

Faites des recherches sur un désert (le Sahara, le désert de Mohave, l'Arctique, etc.) ou sur une forêt (l'Amazonie, la Forêt-Noire, etc.). Presentez les résultats de vos recherches à la classe.

CHAPITRE XVIII

FAUT-IL TOURNER LE *S*CORPION?

FAUT-IL TOURNER LA *S*AUTERELLE?

◆ FIN DU RÉCIT DU PERSAN ◆

Nous comprenions maintenant les paroles du monstre à Christine: «Oui ou non!... Si c'est non, tout le monde est mort et enterré!...» Oui, enterré sous les débris du grand Opéra de Paris. Demain soir, à onze heures... Ah! il avait bien choisi son heure. Nous allions sauter[1] quand la salle était pleine... Si Christine Daaé disait: Non!... 5 Demain soir, onze heures!...

Ma lanterne était brisée. Dans l'obscurité, nous avons retrouvé l'escalier. Tout à coup, j'ai eu une pensée terrible:

«Quelle heure est-il?»

Ah! quelle heure est-il? Quelle heure!... car enfin, demain soir, 10 onze heures, c'est peut-être aujourd'hui, c'est peut-être tout de suite. Il me semble que nous sommes enfermés dans cet enfer depuis le commencement du monde.

Ah! un bruit! Un craquement! M. de Chagny et moi, nous crions comme des fous. Nous remontons l'escalier pour retrouver la lumière. 15 Maintenant, il fait aussi noir dans la chambre des supplices que dans la cave. Nous crions, nous appelons. M. de Chagny appelle Christine; moi, j'appelle Erik!... Je lui crie que je lui ai sauvé la vie. Mais rien ne répond. Nous discutons. Quelle heure peut-il être? Nous sommes dans une obscurité totale. M. de Chagny a l'idée de casser le verre de 20 sa montre. Il tâte les aiguilles. Il juge qu'il est onze heures.

Onze heures! Mais quel jour? Nous avons peut-être encore douze heures devant nous.

Et tout à coup, je crie:

«Silence!» 25

J'ai entendu des pas dans la chambre d'à côté. On frappe contre

---

1. *sauter*: être tués (par l'explosion)

le mur. C'est la voix de Christine Daaé:

«Raoul! Raoul!»

Ah! nous crions tous ensemble maintenant, des deux côtés du mur. Christine sanglote. Elle croyait Raoul mort. Le monstre a été terrible, dit-elle... Elle l'implorait de l'amener dans la chambre des supplices, mais il refusait.

«Quelle heure est-il? Quelle heure est-il, Christine?...

— Il est onze heures... onze heures moins cinq minutes!...

— Mais quelles onze heures?...

— Les onze heures qui décideront de la vie ou de la mort!... Il me l'a répété quand il est sorti. Il est épouvantable!... Il a arraché son masque et ses yeux d'or lancent des flammes! Et il ricane!... Il m'a dit:

— Je te laisse seule à cause de ta modestie. Tiens! voilà la petite clef de bronze. Elle ouvre les coffrets[1] qui sont sur la cheminée. Dans un des coffrets, il y a un scorpion; dans l'autre, une sauterelle en bronze. Si tu tournes le scorpion, cela signifiera: OUI... quand je rentrerai dans la chambre, la chambre des fiançailles. Si tu tournes la sauterelle, cela signifiera: NON... quand je rentrerai dans la chambre, la chambre de la mort!...

Et il riait comme un démon. Moi, je promettais d'être sa femme s'il me donnait la clef de la chambre des supplices.

Mais il m'a dit que cette clef était maintenant inutile, qu'il allait la jeter dans le lac! Il a ajouté: *Attention à la sauterelle... ça saute[2] bien!*»

M. de Chagny a expliqué à la jeune fille le danger qui nous menaçait, nous et tout l'Opéra... Il lui a dit de tourner le scorpion tout de suite...

«Va!... va donc, Christine, ma femme adorée!...» a dit Raoul.

Tout à coup une idée m'est venue et j'ai crié:

«Christine, ne touchez pas au scorpion!»

Je connaissais mon Erik. Peut-être voulait-il tromper la jeune femme. Pourquoi était-il sorti? Pourquoi ne revenait-il pas?

«Je l'entends! a crié Christine. Je l'entends!... Le voilà!...»

Il arrivait, en effet. Nous entendions ses pas, mais il ne parlait pas.

Alors, j'ai crié:

«Erik, c'est moi! Me reconnais-tu?»

Il a répondu immédiatement, très calme:

---

1. *coffrets*: jolies boîtes
2. *saute*: signifie aussi *explose*

«Vous n'êtes donc pas morts là-dedans?... Eh bien, restez tranquilles! Plus un mot, ou je fais tout sauter.»

Et il a ajouté:

«C'est mademoiselle qui doit avoir cet honneur!... Mademoiselle n'a pas touché au scorpion, mademoiselle n'a pas touché à la sauterelle, mais il n'est pas trop tard. Si on tourne la sauterelle, nous sautons tous, mademoiselle... Il y a sous nos pieds assez de poudre pour détruire un quartier de Paris... Si on tourne le scorpion, toute cette poudre est noyée! Quelques centaines de Parisiens écoutent, en ce moment, un mauvais opéra. Mademoiselle, à l'occasion de nos noces[1], vous allez leur faire un bien joli cadeau. Vous allez leur faire cadeau de la vie... car, mademoiselle, vous allez tourner le scorpion!... Et nous nous marierons!»

Un silence et puis:

«Si, dans deux minutes, mademoiselle, vous n'avez pas tourné le scorpion — j'ai une montre, moi — je tourne la sauterelle... et la sauterelle saute joliment bien!...»

---

1. *nos noces*: notre mariage

Un silence… un silence effrayant…

M. de Chagny était à genoux: il priait. Mon coeur battait si fort que j'essayais de l'arrêter avec mes mains. Si Erik mentait…

Enfin, la voix d'Erik, douce cette fois, explique:

«Les deux minutes sont passées… Adieu, mademoiselle!… Saute, sauterelle!…

— Erik, s'écrie Christine, jure-moi, sur ton amour, que c'est le scorpion que je dois tourner…

— Oui, pour sauter[1] à nos noces…

— Ah! tu vois bien! Nous allons sauter[1]!

— À nos noces, innocente enfant!… Mais assez!… Tu ne veux pas du scorpion? À moi la sauterelle!

— Erik!…

— Assez!…»

Je criais avec Christine; M. de Chagny continuait à prier.

«Erik! J'ai tourné le scorpion!!!…»

---

1. *sauter:* a deux sens différents dans les deux phrases: danser et exploser

Ah! la seconde que nous avons passée là!

À attendre!

À attendre d'être des miettes au milieu du tonnerre et des ruines...

Mais écoutez! Écoutez!

Nous entendons un bruit d'eau.

À la trappe! À la trappe!

Écoutez! Écoutez!

À la trappe!... À la trappe!... À la trappe!...

Quelle fraîcheur!

Toute notre soif revient avec le bruit d'eau.

L'eau, l'eau, l'eau qui monte!...

Qui monte dans la cave.

Nous descendons dans la cave et nous buvons, nous buvons...

Nous remontons l'escalier, dans la nuit noire, et l'eau monte avec nous.

On ne sait plus où elle va s'arrêter...

«Christine! Christine! L'eau monte... monte jusqu'à nos genoux!», crie M. de Chagny.

Mais Christine ne répond pas. On n'entend que l'eau qui monte.

Rien! Rien dans la chambre à côté... Personne! Personne pour fermer le scorpion!

Nous sommes seuls, dans le noir, avec l'eau noire qui monte! Erik! Erik! Christine! Christine!

Est-ce que nous allons mourir ici?... noyés dans la chambre des supplices?...

L'eau monte toujours. Nous nageons, nous luttons contre l'eau noire. Nous suffoquons... Nous tournons... Nous enfonçons... Un dernier effort!... Un dernier cri!... Erik!... Christine!...

$\mathscr{E}$XERCICES

COMPRÉHENSION

A. Répondez aux questions suivantes par des phrases complètes.

1. Pourquoi beaucoup de gens seront-ils tués si l'Opéra saute à onze heures?
2. Comment les gens seront-ils «enterrés»?
3. Que fait M. de Chagny pour savoir l'heure?
4. Combien de temps a Christine pour prendre une décision?
5. Quel insecte doit-elle tourner si elle accepte de se marier avec Erik?
6. Où sont les insectes?
7. Pourquoi le Persan a-t-il crié à Christine de ne pas toucher au scorpion?
8. Qu'est-ce que le Persan espère lorsqu'il parle à Erik?
9. Qu'est-ce qui se passe quand Christine tourne le scorpion?
10. Quel danger menace maintenant Raoul et le Persan?

B. Trouvez dans ce chapitre:

1. Des exemples du sadisme d'Erik.
2. Les verbes qui sont souvent répétés. Pourquoi sont-ils répétés?

COMMUNICATION

C. À vous la parole!

1. À la place de Christine, je...
2. Mourir de soif est plus terrible que mourir noyé parce que...

D. Le suspense

Le temps est très important dans ce chapitre. À onze heures, beaucoup de gens mourront peut-être. Trouvez toutes les expressions qui ont rapport à l'heure et au temps.

E. Activité de groupe

L'été est très chaud et très sec. Demandez à tous d'économiser l'eau. Rédigez une liste de conseils.

PROJET

Vous avez été témoin d'un incendie, d'une noyade ou d'un accident grave. Écrivez une courte composition sur cet événement.

CHAPITRE XIX

LA FIN DES AMOURS DU FANTÔME

Un homme masqué se penche vers le Persan et dit à voix basse:
«Ça va mieux, Daroga?...»

Le Persan est couché sur un lit; M. de Chagny sur un canapé à côté.

Erik parle. Christine Daaé ne dit pas un mot. Elle apporte parfois une tasse de thé. Erik prend la tasse et la donne au Persan. M. de Chagny continue à dormir...

Un instant, Erik sort de la chambre. Le Persan appelle Christine. Elle ne répond pas. Elle ne regarde même pas M. de Chagny. Elle reste assise dans un fauteuil, silencieuse.

Erik revient avec de petits flacons[1]. Il dit au daroga:

«Maintenant, vous êtes sauvés tous les deux. Je vais vous reconduire sur le dessus de la terre, pour faire plaisir à ma femme.»

Erik donne une potion au daroga.

Le daroga se réveille chez lui. Darius l'a trouvé, la nuit précédente, contre la porte de son appartement. Quelqu'un a sonné et a disparu.

Aussitôt qu'il va mieux, le daroga envoie son domestique chez le vicomte, prendre des nouvelles[2]. On dit à Darius que le vicomte n'a pas reparu[3].

Épouvanté, le Persan décide de tout dire à la police. Mais on ne croit pas son histoire et on lui répond qu'il est fou. Alors, il décide d'écrire le récit rapporté ici.

---

1. *flacons*: petites bouteilles
2. *prendre des nouvelles*: s'informer (au sujet de Raoul)
3. *n'a pas reparu*: est toujours absent

Un jour, Darius annonce un visiteur masqué.

Bien sûr, c'est le fantôme! C'est Erik!

Il paraît extrêmement faible et même sur le point de tomber. Son front est d'une pâleur mortelle; le reste du visage est caché par le masque.

Le Persan se dresse devant lui:

«Assassin! Qu'est-ce que tu as fait de Raoul de Chagny et de Christine Daaé?»

Erik tremble et tombe dans un fauteuil. Il parle à petites phrases, avec beaucoup de peine:

«Je viens ici pour te dire que je vais mourir...

— Où sont Raoul de Chagny et Christine Daaé?

— Je vais mourir...

— Raoul de Chagny et Christine Daaé?

— ...d'amour... Daroga... Je vais mourir d'amour... Je l'aimais tant[1]!... Et je l'aime encore, Daroga, puisque je meurs, je te dis. Comme elle était belle quand elle m'a permis de l'embrasser vivante... C'était la première fois, Daroga, la première fois, tu entends, que j'embrassais une femme... Oui, vivante, je l'ai embrassée vivante et elle était belle comme une morte!...»

---

1. *tant*: énormément

Le Persan se lève et secoue le bras d'Erik.

«Me diras-tu enfin si elle est morte ou vivante?

— Pourquoi me secoues-tu ainsi? répond Erik avec effort. Je te dis que c'est moi qui vais mourir... Oui, je l'ai embrassée vivante...

— Et maintenant, elle est morte?

— Je te dis que je l'ai embrassée comme ça sur le front... et elle n'a pas retiré son front de ma bouche!... Ah! c'est une honnête fille! Non! Non, elle n'est pas morte. C'est une brave et honnête fille qui t'a sauvé la vie. Pourquoi est-ce que tu étais là avec ce petit jeune homme? Tu allais mourir. Elle me suppliait pour son petit jeune homme. Moi, je lui ai répondu que j'étais maintenant son fiancé puisqu'elle avait tourné le scorpion. Elle n'avait pas besoin de deux fiancés. Et tu allais mourir avec l'autre fiancé!

«Seulement, écoute bien, Daroga. Vous criiez tous les deux comme des fous. Christine est venue à moi. Elle m'a juré, sur sa vie éternelle, qu'elle acceptait d'être ma femme vivante! J'avais toujours imaginé ma femme morte... maintenant, je voyais ma femme vivante. Elle était sincère. Elle ne se tuerait pas. Une demi-minute plus tard, toutes les eaux étaient retournées au Lac.

— Qu'est-ce que tu as fait du vicomte de Chagny? demande encore une fois le Persan.

— Ah! tu comprends... lui, Daroga, je ne l'ai pas reporté tout de suite sur le dessus de la terre... C'était un otage... Je l'ai enchaîné dans la partie la plus déserte de l'Opéra. J'étais bien tranquille et je suis revenu auprès de Christine. Elle m'attendait!...

«Oui, elle m'attendait! dit Erik qui tremblait comme une feuille. Elle m'attendait comme une vraie fiancée vivante... Je me suis avancé, plus timide qu'un petit enfant. Elle ne s'est pas sauvée... Non, non... elle est restée... Elle m'a attendu... Je crois même, Daroga, qu'elle a un peu... oh! pas beaucoup... mais un peu... avancé le front, comme une fiancée vivante... Et... et... je l'ai... embrassée... Moi!... Moi!... Et elle n'est pas morte!... Et elle est restée à côté de moi. Ah! que c'est bon, Daroga, d'embrasser quelqu'un!... Tu ne peux pas savoir, toi! Mais moi! Moi! Ma mère, Daroga, ma pauvre misérable mère ne m'a jamais permis de l'embrasser... Jamais!... Jamais!... Alors, j'étais si heureux que j'ai pleuré! Et je suis tombé à ses pieds... Toi aussi, tu pleures, Daroga, et elle aussi pleurait...»

Comme il raconte ces choses, Erik sanglote. Le Persan a des larmes aux yeux et il écoute.

«Oh, Daroga, j'ai senti ses larmes couler sur mon front à moi!

Elles étaient chaudes… Elles étaient douces!… Ah! ses larmes à elle sur moi! Écoute, Daroga, écoute ce que j'ai fait… J'ai arraché mon masque, pour ne pas perdre une seule de ses larmes… Et elle ne s'est pas enfuie! Et elle est restée, à pleurer… sur moi… avec moi… Nous
5 avons pleuré ensemble!… Seigneur du ciel, vous m'avez donné tout le bonheur du monde!…»

Après quelques instants, l'Homme au masque recommence à parler:

«Écoute, Daroga … écoute… pendant que j'étais à ses pieds, elle a dit: *Pauvre malheureux Erik!* et elle a pris ma main… Moi, j'étais
10 devenu un pauvre chien prêt à mourir pour elle…

«J'avais un vieil anneau d'or. Je l'ai mis dans sa petite main et je lui ai dit:

> *Prends ça pour toi… et pour lui… Ce sera mon cadeau de*
> *noces… le cadeau du pauvre malheureux Erik… Je sais que tu*
15 > *l'aimes, le jeune homme… Ne pleure plus!…*

«Alors, elle a compris qu'elle pouvait se marier avec lui parce qu'elle avait pleuré avec moi…

«Je suis allé libérer le jeune homme et je l'ai conduit auprès de Christine… Ils se sont embrassés devant moi, dans la chambre…
20 Christine avait mon anneau… J'ai demandé à Christine de jurer que,

quand je serais mort, elle viendrait m'enterrer en grand secret. Et elle mettrait à mon doigt l'anneau d'or. Elle le porterait jusqu'à cette minute… Je lui ai dit comment elle trouverait mon corps et ce qu'elle devrait en faire… Alors, Christine m'a embrassé, à son tour. Là, sur le front… et ils sont partis tous les deux… Christine ne pleurait plus… Moi seul, je pleurais… Daroga… si Christine tient son serment[1], elle reviendra bientôt!…»

Erik se tait. Le Persan demande où sont maintenant Christine et Raoul. Ils sont partis, très loin, dit Erik, cacher leur bonheur. Erik dit encore qu'il compte sur le Persan pour annoncer sa mort aux deux jeunes gens. Quand il sera sur le point de mourir, il enverra au daroga un mouchoir que Christine lui a laissé. Aussitôt, le Persan devra annoncer la mort d'Erik dans le journal l'*Époque*.

C'est tout.

Quelques jours après ces révélations, les sommes versées au fantôme par les directeurs de l'Opéra sont remboursées[2].

Trois semaines plus tard, le journal l'*Époque* publie cette annonce:
«ERIK EST MORT.»

---

1. *tient son serment*: tient parole
2. *remboursées*: rendues

$\mathscr{E}$XERCICES

$\overline{\underline{\text{COMPRÉHENSION}}}$

A. Répondez aux questions suivantes par des phrases complètes.

1. Que contiennent les petits flacons?
2. Pourquoi le Persan a-t-il décidé d'écrire son récit?
3. Qu'est-ce qui montre qu'Erik est très malade quand il vient chez le Persan?
4. Quel mot montre que le Persan croit que Raoul et Christine sont morts?
5. Pourquoi Erik a-t-il arrêté les eaux?
6. Où Erik a-t-il d'abord emporté le vicomte?
7. Qu'est-ce qui a donné «tout le bonheur du monde» à Erik?
8. Quel cadeau a-t-il fait à Christine?
9. Qu'est-ce que Christine et Raoul ont fait quand ils ont quitté Erik?
10. Quel serment a fait Christine?

B. L'auteur utilise beaucoup de répétitions. Pour quelles raisons les répétitions sont-elles si nombreuses? Trouvez-en des exemples.

$\overline{\underline{\text{COMMUNICATION}}}$

C. À vous la parole!

1. Erik est très sensible. On le voit parce que…
2. Christine et Raoul seront heureux parce que…

D. L'amour

Pour Erik, l'amour est triste. Mais la tristesse de l'amour est aussi du bonheur. Trouvez les passages où on voit ce mélange de tristesse et de bonheur.

E. Activité de groupe

Écrivez et jouez la scène entre Erik, Christine et Raoul.

PROJET

Rédigez l'annonce de la mort d'Erik. Référez-vous à la rubrique nécrologique d'un journal de votre localité.

$\mathscr{L}$EXIQUE

abandonné(e) discarded
abîmer to spoil, to damage
accompagner to accompany
adieu (m) farewell, goodbye
  se dire adieu to bid (one another) farewell
affaire (f) business
affirmer to state, to say
affolé(e) panic-stricken
affreux/affreuse horrible
agir to act
agité(e) nervous, excited
aiguille (f) hand (of watch)
aimable kind
aimer to like, to love
  vous aimeriez you would love
ainsi so, thus
ajouter to add
aller to go
  aller mieux to be/feel better
  j'irai mieux I will be better
  Ça va mieux? Are you feeling better?

  Vas-y! Go ahead!
allonger to stretch out
  s'allonger to grow longer
allumer to light
allumette (f) match
alors then
âme (f) soul
amener to bring
amoureux (m)/ lover
  amoureuse (f)

amoureux/ in love
  amoureuse
amuser to amuse
  s'amuser to enjoy oneself
ancien/ancienne former
anneau (m) ring
annonce (f) announcement
anxieux/anxieuse worried
apparaître to appear
  apparu(e) appeared
appartenir to belong to
appeler to call
  s'appeler to be called
apporter to bring
apprendre to inform, to learn
  appris(e) informed, learned
approcher to approach, to draw near, to bring near
appuyer to press
après-demain the day after tomorrow
arme (f) weapon
arracher to tear off
arrêter to stop
arrivée (f) arrival
arriver to arrive; to happen; to succeed
assez enough
assister to be present, to attend
associé(e) (m/f) partner, associate
atroce terrible
attacher to tie down
attendre to wait (for)
  il attendrait he would wait

attention (f)	thought, thoughtfulness		
Attention!	Be careful! Take care!		
attirer	to draw, to attract	baiser	to kiss
auberge (f)	inn, hostel	bal (m)	ball
aubergiste (m/f)	innkeeper	barque (f)	small boat
aucun(e)	no, not any, none	bas (m)	lower part, bottom
au-dessous de	below	en bas de	below
au-dessus de	above	au bas de	at the bottom of
augmenter	to increase	bas(se)	low
auprès de	close to; with	bâtiment (m)	building
aussitôt	immediately	battre	to strike, to hit
aussitôt que	as soon as	se battre	to fight, to battle
autant	as much	beau/belle	beautiful, fine
autour de	around	besoin (m)	need
autre	other	avoir besoin (de)	to need
un(e) autre + *nom*	another	bien	well, much, quite, really
l'autre (m)	(the) other one	bien sûr	of course
autrement	otherwise	bientôt	soon
avancer	to go forward, to step forward	billet (m)	ticket
avant (de)	before	blague (f)	joke
avis (m)	opinion	blême	pale
avoir	to have	blessé (m)	wounded
avoir besoin (de)	to need	boire	to drink
avoir envie (de)	to want, to feel like	il/elle buvait	he/she was drinking
avoir l'air	to seem	nous buvions	we were drinking
avoir peur	to fear, to be afraid	bu(e)	drank
avoir raison	to be right	bonheur (m)	happiness
avoir soif	to be thirsty	bonnet (m)	cap
avoir tort	to be wrong	bord (m)	edge
il y a	there is, there are	au bord de la mer	by the sea
il y avait	there was, there were	bouger	to move
j'aurais	I would have	bouleversé(e)	upset, overwhelmed
Qu'est-ce que vous avez?	What is the matter?	bout (m)	end
		braise (f)	glowing coals
		yeux de braise	glowing eyes
		brave	good
		briser	to break
		broder	to embroider
		brouhaha (m)	commotion

brûlant(e)	burning (hot)	chef (m)	chief, leader
brûler	to burn	chemin (m)	way, route, path
bureau (m)	office	chercher	to look (for), to search (for)
		venir (aller) chercher	to come for, to go for, to fetch
		chéri (m)/chérie (f)	darling
		chez	at the home of, in
		choisir	to choose
cacher	to hide	Chut!	Hush!
se cacher	to hide (oneself)	ciel (m)	sky, heaven
j'étais caché	I was hiding, I was hidden	Ciel!	Heavens!
		cieux (m, pl)	(the) skies
cadeau (m)	present	cimetière (m)	graveyard
faire cadeau (de)	to give as a present	clair(e)	clear
		clair (m) de lune	moonlight
cahier de charges (m)	book listing job responsibilities	clairement	clearly
		clameur (f)	clamor, great noise
campagne (f)	country		
canapé (m)	sofa bed	clapoter	to lap
capuchon (m)	hood	clef (f)	key
car	for, because	(fermer) à clef	to lock with a key
carré (m)	square		
carré lumineux	square of light	cloison (f)	partition
casser	to break	clos(e)	closed
cause		clou (m)	nail
à cause de	because	coeur (m)	heart, center
cave (f)	cellar, basement	coin (m)	corner
ceci	this	tous les coins	the whole, the entire
cela	that		
centaine (f)	hundred	colère (f)	anger
cependant	however, yet	faire des colères	to make scenes, to throw tantrums
cercueil (m)	coffin		
cesser	to stop	comme	as, like, how
chaleur (f)	heat	comment	how
chant (m)	song	commissaire (m)	commissioner (police)
chanteur (m)/ chanteuse (f)	singer		
		compagnie (f)	company
chaque	each, every	compagnon (m)	companion
charges		comprendre	to understand
cahier de charges (m)	book listing job responsibilities	compris(e)	understood
		compter	to count
chasser	to chase away	se rendre compte	to realize
chaussure (f)	shoe		

concierge (m/f)	superintendent of a building	courir	to run
condamner	to condemn, to sentence	couru(e)	ran
		ne courir aucun danger	to be safe
conduire	to bring, to direct	course (f)	race, running around
connaissance			
perdre connaissance	to faint	couteau (m)	knife
		couvert (e)	covered
connaître	to know	crâne (m)	skull
connu(e)	known	crapaud (m)	toad
conseil (m)	advice, piece of advice	craquement (m)	cracking sound
		craquer	
conseiller	to advise	faire craquer une allumette	to strike a match
consentir	to consent, to agree		
		creuser	to dig
constamment	constantly, all the time	creux/creuse	hollow
		cri (m)	cry, shout
construire	to build	crier	to cry out, to shout, to scream
contrairement (à)	unlike		
contre	against	croire	to believe, to think
corde (f)	rope		
corps (m)	body	croire à	to believe in
corps de ballet	dancers in a ballet company	cru(e)	believed
		cruauté (f)	cruelty
côté (m)	side	curieux/curieuse	curious, strange
à côté de	beside, near, next to	cuve (f)	vat
d'à côté	from next door		
de ce côté	on this side		
des deux côtés	on both sides		
du côté de	in the direction, toward		
cou (m)	neck	d'abord	first (of all)
couac (m)	a false note, off-key	danseur (m)/ danseuse (f)	dancer
couchant	setting (sun)	débris (m, pl)	ruins
coucher	to put to bed	déclencher	
se coucher	to lie down, to go to bed	déclencher un ressort	to release a spring
être couché(e)	to be lying down	décor (m)	set
couler	to flow	découragé(e)	discouraged
couloir (m)	corridor	découvrir	to discover, to find out
coup (m)			
coup de pied	kick	découvert(e)	discovered, found out
courageux/ courageuse	brave, courageous	décrocher	to take down, to unhook

se décrocher	to come unhooked
dedans	inside
là-dedans	in there
défendre	to forbid
défense (f)	defense, protection
déguiser	to disguise, to mask
se déguiser	to disguise oneself
déguisé(e) (en)	disguised (as)
déjà	already
demander	to ask, to ask for
se demander	to wonder
démasquer	to unmask
demeure (f)	dwelling, house
demi(e)	half
démissionner	to resign
demoiselle (f)	young lady
démon (m)	devil
dent (f)	tooth
départ (m)	departure
déposer	to put down, to place
depuis	since, for
déranger	to trouble, to distract
dernier/dernière	last
désagréablement	unpleasantly
descendre	to go down, to descend
désert(e)	deserted
désespéré(e)	in despair
désespoir (m)	despair
désobéir	to disobey
dessous (m)	lower part, underground floor, basement
dessus (m)	top
dessus de la terre	above ground
détacher	to untie
se détacher	to come loose
détourner	to turn away
détruire	to destroy
devenir	to become

deviner	to guess
devoir	must, to have to
je dois	I must
vous devez	you must
il/elle/on devait	he/she/one had to
il/elle devra	he/she will have to
elle devrait	she would have to
Dieu	
Mon Dieu!	Heavens! My God!
dire	to say, to tell
vouloir dire	to mean
Dites!	Tell (me)!
Dites donc!	I say!
diriger	to direct, to be in charge of
discuter	to argue
disparaître	to disappear
disparu(e)	disappeared
disposition (f)	
à sa disposition	at his/her disposal
distinctement	clearly
distinguer	to distinguish, to see, to make out
domestique (m/f)	servant
donc	then, therefore
donner	to give out
se donner	to dedicate oneself
dormir	to sleep
doucement	gently
douleur (f)	pain, grief
doute (m)	doubt
sans doute	probably, without a doubt
doux/douce	sweet, gentle
douzaine (f)	dozen
dresser	to plan, to draw up (a list)
se dresser	to rise up, to stand
drogue (f)	drug
droit (m)	right
droite (f)	right-hand side
durer	to last

eau (f)	water
échapper	to escape
s'échapper	to escape
écharpe (f)	scarf
échelle (f)	ladder
éclairage (m)	lighting
éclairagiste (m)	lighting technician
éclairer	to light (up)
éclairé(e)	lighted, lit up
éclatant(e)	bright
éclater	
éclater de rire	to burst out laughing
écraser	to crush
s'écraser	to crush down
écrier	to exclaim
écriture (f)	writing, handwriting
effet (m)	
en effet	indeed, in fact
effrayant(e)	frightening
effrayé(e)	frightened
église (f)	church
embêter	to annoy
embrasser	to kiss
emmener	to take
emporter	to take away
s'empresser	to hasten
enchaîner	to chain (up)
encore	still, again, more
pas encore	not yet
encre (f)	ink
endormir	to put to sleep
s'endormir	to fall asleep
endroit (m)	spot
enfer (m)	hell
enfermer	to keep enclosed, to imprison
s'enfermer	to shut oneself in
enfoncer	to sink

s'enfuir	to run away, to escape
enlèvement (m)	elopement, kidnapping
enlever	to take off, to remove
ennuyer	to annoy
ensuite	then
entendre	to hear
c'est entendu	it's understood
nous aurions entendu	we would have heard
enterrer	to bury
entier/entière	whole
entièrement	completely
entourer	to surround
entraîner	to drag, to pull along
entre	between, among
entrée (f)	entrance
entreprise (f)	undertaking
envers	for, toward
envie (f)	
avoir envie de	to want
envoyer	to send
j'enverrai	I will send
épouvantable	dreadful, frightful
épouvanté(e)	scared, terrified
escalier (m)	flight of stairs
espèce (f)	kind, sort
espérer	to hope
espoir (m)	hope
essayer	to try
étage (m)	floor, story of a building
été	past participle of *être*, been
éteindre	to put out (a light)
Éteignez!	Put out the light!
étendre	to stretch out, to spread out
étrange	strange
étrangler	to strangle
être (m)	being
être à	to belong to

étroit(e)	narrow
étudier	to study
eu(e)	past participle of *avoir*, had
eux	them
eux-mêmes	themselves
événement (m)	event
évidemment	of course, obviously
exciter	to rouse, to provoke
explication (f)	explanation
expliquer	to explain
expulser	to expel, to remove
exquis(e)	exquisite
extase (f)	ecstasy

F

face (f)	
en face de	opposite
faible	weak
faim (f)	hunger
faire	to do, to make
faire de	to do with
faire (du) mal	to hurt
faire partie	to belong
faire de la peine	to hurt, to cause sorrow
faire peur	to frighten
je ferai	I will do
il ferait	he would do
j'aurais fait	I would have done
fatiguer	to tire
faut (il)	it is necessary, one must
faute (f)	fault
fauteuil (m)	armchair
femme (f)	woman, wife
femme de chambre	servant, chambermaid

fer (m)	iron
se fermer	to close
fermer à clef	to lock
fiançailles (f, pl)	engagement
se fiancer	to become engaged
fille (f)	girl, daughter
flotter	to hang loosely
fois (f)	time
folie (f)	madness
follement	madly
fond (m)	bottom, end
force (f)	force, strength
de force	by force
forme (f)	shape, form
formidable	terrific
fort	strongly, loud, very
fou/folle	mad
fou d'amour	mad with love
foule (f)	crowd
fraîcheur (f)	freshness
frais/fraîche	fresh
frapper	to knock, to hit
frissonnant(e)	shivering
frissonner	to shiver, to shudder
front (m)	forehead
fuir	to flee (from)
Fuyons, fuyez	Let us flee, flee
fuite (f)	flight

G

gagner	
gagner sa vie	to earn one's living
gai(e)	joyful
garder	to keep, to guard
gauche (f)	left
gémir	to moan, to groan

gémissement (m)	groan, moaning
génie (m)	genius, great talent
genou (m)	knee
à genoux	on one's knees
se mettre à genoux	to kneel down
gens (m, pl)	people
jeunes gens	young people
geste (m)	gesture, movement
glace (f)	mirror
glacé(e)	icy, frozen
glisser	to slide (down)
se glisser	to slide, to slip
gorge (f)	throat
guerre (f)	war

habillé(e)	dressed
habit (m)	evening dress (for men)
habiter	to live, to dwell
haine (f)	hatred
haïr	to hate
je hais	I hate
vous haïssez	you hate
je haïssais	I hated
haut(e)	high
à haute voix	aloud
hauteur (f)	height, level
Hélas!	Alas!
heure (f)	hour, time
tout à l'heure	just now
heureusement	happily, fortunately
histoire (f)	story
honnête	honest, honorable
horloge (f)	clock
hors (de)	out of, outside
hurler	to scream

ignorer	not to know, to be unaware of
illuminer	to light (up)
s'illuminer	to light (up), to be lit up
il y a	there is, there are
il y avait	there was, there were
il y a eu	there was, there were
Qu'y a-t-il?	What is the matter?
implorer	to beg
impressionné(e)	impressed
imprudent(e)	careless
inconnu (m)	an unknown person
indiquer	to show, to point out
inférieur(e)	inferior
inonder	to flood
inquiet/inquiète	anxious, worried
instant (m)	instant, moment
pour l'instant	for the time being
insupportable	unbearable
intérieur(e)	inside
intérieur (m)	inside, indoor
à l'intérieur de	inside of
interroger	to question, to interrogate
interrompre	to interrupt
interrompu(e)	interrupted
intrus (m)	intruder
inutile	useless
invoquer	to invoke, to call upon
irai	
j'irai mieux	I will be better
ivre	drunk, intoxicated
ivre mort	dead drunk

jaloux/jalouse jealous
jamais never
jardin (m) garden
jeter to throw
joie (f) joy
joli(e) pretty
joliment really, very
jouer to play, to act
  jouer aux fiancés to pretend to be engaged
journal (m) newspaper; diary
joyeux/joyeuse joyful, happy
juger to judge, to come to the conclusion
jurer to swear, to promise
jusque, jusqu'à until, to the point of
juste precise
justement precisely, exactly

L

là there
  là-bas over there
lac (m) lake
lacet (m) lace, string; noose
lâche cowardly
lâche (m/f) coward
lâcher to let go, to release
laid(e) ugly
laideur (f) ugliness
laisser to allow, to let; to leave
lame (f) blade
lancer to throw; to let out
langue (f) tongue

larme (f) tear
lécher to lick
lecteur (m) reader
lecture (f) reading
léger/légère light, slight
lendemain (m) next day
lever to raise
  se lever to get up, to rise
lèvre (f) lip
libérer to free
lien (m) tie, bond
lieu (m) place
  au lieu de instead of
loge (f) dressing room, box (theater)
loin far
long
  le long de along
longuement for a long time
lorsque when
louer to sell (seats in a theater)
lucarne (f) small window
lueur (f) glimmer
lugubre lugubrious, sinister
lumière (f) light
lumineux/lumineuse lighted, lit up
  carré lumineux a square of light
lune (f) moon
  clair de lune moonlight
lustre (m) chandelier
lutter to struggle, to fight

M

machiniste (m) stagehand
magie (f) magic
maigre thin
maître (m) master
mal (m) pain, evil, harm

faire mal	to hurt (physically)	mise en scène (f)	direction
faire du mal	to hurt, to harm (psychologically)	faire la mise en scène	to direct
malade	ill, sick	elle mettrait	she would place
malheureux (m)/ malheureuse (f)	unfortunate, ill-fated person	miette (f)	crumb
		mieux	better
malheureux/ malheureuse	unhappy, sad	milieu (m)	middle
		au milieu	in the middle
manifester	to show, to demonstrate	misérable	wretched, poor
		moins (de)	less, fewer
manteau (m)	coat	monde (m)	world, people
marche (f)	step	tout le monde	everybody
mari (m)	husband	monstrueux/ monstrueuse	monstrous
mariage (m)	wedding	monter	to go up, to rise up
marier	to marry		
se marier (avec)	to get married, to marry (someone)	moquer	
		se moquer (de)	to laugh (at), to make fun (of)
matière (f)	substance		
maudit(e)	cursed, under a curse	mort (f)	death
		mort(e)	dead
mauvais(e)	bad	mort (m)/morte (f)	a dead man, a dead woman
méchamment	nastily		
méchant(e)	wicked, bad	mortuaire	mortuary
médecin (m)	doctor, physician	chambre mortuaire	death chamber
même	even	mot (m)	word
même	self	mouchoir (m)	handkerchief
eux-mêmes	themselves	mouillé(e)	wet
lui-même	himself	mourir	to die
vous-même	yourself	je meurs	I am dying
menace (f)	threat	mort(e)	died, dead
menacer	to threaten	mur (m)	wall
mensonge (m)	lie	murmurer	to whisper
pieux mensonge	white lie		
mentir	to lie		
tu mens	you are lying		
mer (f)	sea		
mériter	to deserve		
merveilleux/ merveilleuse	marvelous		

messe (f)	Mass	nager	to swim
mettre	to put, to place	naïveté (f)	innocence
se mettre à	to begin	nappe (f)	tablecloth
mettre à la porte	to throw out	narcotique (m)	drug (sleep inducing)
mis(e)	put, placed		
		ne... plus	no longer, not... again

nécrologique	obituary
ni… ni	neither… nor
niche (f)	box, niche
niveau (m)	level
noir (m)	darkness
nom (m)	name
au nom de	in the name of
nombreux/ nombreuse	many, numerous
nouveau/nouvelle	new
de nouveau	again, once again
nouvelles (f, pl)	news
noyer	to drown
noyé(e)	drowned
nulle part	nowhere

obéissant(e)	obedient
obliger	
je serais obligé(e) de	I would be obliged to
obscurité (f)	darkness
occuper	to occupy, to keep busy
s'occuper (de)	to meddle (in)
occupé(e)	busy
oeil (m)	eye
yeux (m, pl)	eyes
ombre (f)	shadow, ghost
on	one (person)
opposé(e)	opposite
or (m)	gold
ordonner	to order
ordre (m)	order, instructions
orgue (m)	organ
osseux/osseuse	bony
otage (m)	hostage
oublier	to forget
ouvert(e)	open
ouvreur (m)/ ouvreuse (f)	usher

ouvrir	to open
ouvert(e)	opened

paix (f)	peace
palais (m)	palace
pâleur (f)	paleness
d'une pâleur mortelle	deathly white
palier (m)	landing (of staircase)
pâlir	to turn pale
panneau (m)	panel
pardonner	to forgive
parfois	sometimes
parmi	among, in the midst of
parole (f)	word
parquet (m)	floor
«parti(e)»	"gone", out of his/her mind
partie (f)	part
faire partie	to belong, to take part
partout	everywhere
pas (m)	step
passer	to pass, to go by
se passer	to happen, to take place
pauvre	poor
paysan (m)	peasant
peau (f)	skin
peine (f)	sorrow, difficulty
faire de la peine	to hurt (someone's feelings)
pencher	to slope, to slant
se pencher sur	to lean over
pendant	during, for
pendre	to hang
se pendre	to hang (oneself)
pendu(e)	hanged

pendu (m)	hanged man
pénétrer	to penetrate, to enter
penser (à)	to think of/about
perdre	to lose
perdre connaissance	to faint
permettre	to allow
permis(e)	allowed
Perse (f)	Persia (Iran)
personnage (m)	character
personne	
ne… personne	nobody
perte (f)	loss
peur (f)	fear
avoir peur	to be afraid, to fear
faire peur	to frighten
peut-être	perhaps, maybe
phénomène (m)	phenomenon, mystery
phrase (f)	sentence
pièce (f)	room
pierre (f)	stone
pistolet (m)	pistol
pitié (f)	pity
avoir pitié (de)	to take pity (on)
plafond (m)	ceiling
plaire	to please
plaisir (m)	pleasure
faire plaisir (à)	to please
planche (f)	board
plancher (m)	floor
plein(e)	full
pleurer	to weep, to cry
pleuvoir	to rain
il pleuvait	it was raining
plomb (m)	lead
plonger	to plunge, to plummet
pluie (f)	rain
plume (f)	feather
plupart (la)	most
plus	more
ne… plus	no longer, not… anymore
plus jamais	never… again, nevermore
plusieurs	several
poignet (m)	wrist
porter	to wear, to carry
elle porterait	she would wear
poser	
se poser	to place oneself, to settle
posséder	to have, to own
potable	drinking (water)
poudre (f)	(gun) powder
pourtant	however, yet
pousser	to push
pousser un couac	to let out a "couac" – a false note
pousser des cris	to shout
pouvoir	can, to be able to, may
il/elle pourrait…	he/she could/ might
précédent(e)	previous
précipiter	
se précipiter	to rush (forward)
préparatifs (m, pl)	preparations
près de	near
presque	almost
prêt(e)	ready
prétendre	to maintain, to claim
prier	to pray, to beg
prisonnier (m)/ prisonnière (f)	prisoner
prix (m)	price
proche	close
profiter	to take advantage
profond(e)	deep
profondément	deeply
promener	to pass, to direct
se promener	to wander about
promettre	to promise
prononcer	to say

propos	
à propos	by the way
protagoniste (m)	protagonist, main character
protéger	to protect
publier	to publish
puis	then
puisque	since

Q

quai (m)	quay, bank
quand	when
quart (m)	quarter
quartier (m)	district, neighborhood
Que... ?	What... ?
que	whom, which, that
quel(le)	what (a), which
quelque	
quelqu'un	someone
quelque chose	something
quelques	some, a few
quelquefois	sometimes
quitter	to leave
quoi	what
Qu'y a-t-il?	What is the matter?

R

raconter	to tell, to narrate
rageur/rageuse	enraged, mad
radieux/radieuse	radiant
raison	
avoir raison	to be right
rallumer	to relight
ramasser	to pick up
ramer	to row

rappeler	to remind
se rappeler	to remember, to recall
rapport (m)	report
rapports (m, pl)	relationship
rapporter	to return, to bring back; to report
rayon (m)	ray
rayon de lune	moonbeam
réalisateur (m)/ réalisatrice (f)	director
réapparaître	to reappear
réapparu(e)	reappeared
recevoir	to receive
récit (m)	account, story
recommencer	to begin again, to resume
reconduire	to take back
reconnaître	to recognize
reconstituer	to reconstitute, to rebuild
rédiger	to write up
réellement	truly
reflet (m)	reflection
refléter	to reflect
se refléter	to be reflected
régisseur (m)	stage manager
rejeter	to throw away, to discard
relever	to raise, to lift
se relever	to rise, to get up again
remarquer	to notice
remonter	to go up again
elle remonterait	she would go up again
remplacer	to replace, to take the place of
renaître	to be born again, to return
rencontre (f)	meeting, gathering
à la rencontre	to meet
rencontrer	to meet, to come (up) against

rendez-vous (m)	appointment, meeting	rire (m)	laughter
rendre	to return, to give back	rive (f)	edge, shore (of lake)
rendre + adjectif	to make ____	robinet (m)	tap, faucet
rentrer	to return	rôle (m)	part, role
répéter	to repeat	roseau (m)	reed
reporter	to bring back, to carry back	rougir	to blush
		rouler	to roll
repousser	to push back, to reject	route (f)	road
		en route	on (our) way, on the road
reprendre	to take back		
reprendre ses sens	to regain consciousness	rouvrir	to open again
		rubrique (f)	section, column (of a newspaper)
respirer	to breathe		
ressembler (à)	to seem (like), to look (like)	ruse (f)	ruse, trick

𝒮

ressort (m)	spring		
rester	to stay, to remain		
retard (m)	lateness	sable (m)	sand
en retard	late	sadisme (m)	sadism, delight in cruelty
retenir	to hold back, to restrain		
		sain et sauf	safe and sound
retirer	to withdraw, to draw back, to draw out	saisir	to seize, to take
		salle (f)	room, theater
retourner	to come back, to return	saluer	to bow, to greet
		sanglot (m)	sob
se retourner	to turn around	sangloter	to sob
réuni(e)	reunited	satisfait(e)	pleased, satisfied
réveiller	to wake (up)	sauter	to jump, to skip; to explode
se réveiller	to wake up		
révéler	to show, to reveal, to make known	faire sauter	to blow up
		sauterelle (f)	grasshopper
revenir	to come back, to return	sauver	to save
		se sauver	to run away
je reviendrais	I would return	sauvé(e)	saved, out of danger
tu serais revenu(e)	you would have returned		
		savoir	to know
rêver	to dream	savoir bien	to be well aware of
revoir	to see again		
rhume (m)	cold	scène (f)	scene, stage
ricaner	to sneer, to laugh mockingly	sec/sèche	dry
		secouer	to shake
rideau (m)	curtain	secours (m)	help
rien	nothing		

Seigneur (m)	Lord	**souffle** (m)	breath
sein (m)	bosom, heart	**souffrance** (f)	suffering
sembler	to seem	**souffrir**	to suffer, to have
sens (m)	sense		pain
reprendre ses sens	to regain	**soulever**	to raise, to lift
	consciousness	**souper**	to have supper
sentiment (m)	feeling	**soupir** (m)	sigh
sentir	to feel	**soupirer**	to sigh
séparer	to separate	**sourire**	to smile
se séparer	to part	**souvenir** (m)	memory
serais		**squelette** (m)	skeleton
je serais	I would be	**squelettique**	skeleton-like
sérieux/sérieuse	reliable	**stupéfaction** (f)	amazement
c'est sérieux	it is no joke	**stupeur** (f)	astonishment
serment (m)	oath	**succès** (m)	success
serrer	to squeeze	**succcès fou**	tremendous
serrure (f)	lock		success
serviteur (m)	servant	**suédois(e)**	Swedish
seul(e)	single, alone	**suffoquer**	to choke
seulement	only	**se suicider**	to commit
si	if; so; yes		suicide
sifflement (m)	whistling noise	**suite** (f)	continuation,
signifier	to mean		continued
silencieux/	silent	**suivant(e)**	following
silencieuse		**suivre**	to follow
simple	simple, ordinary	**suivi(e)**	followed
la simple	a mere singer	**superbe**	magnificent
chanteuse		**supplice** (m)	torture
sinon	otherwise	**supplier**	to beg
soif (f)	thirst	**sur**	on, about, over
soigner	to take care of, to	**sûr(e)**	sure
	look after	**je suis sûr de**	I can rely on
soirée (f)	evening	**bien sûr**	of course
solitaire	lonely	**surhumain(e)**	superhuman
somme (f)	sum	**surprendre**	to surprise, to
son (m)	sound		astonish
sonner	to ring	**surpris(e)**	surprised
sonnerie (f)	bell	**surtout**	especially
sortir	to go out, to	**surveiller**	to watch, to keep
	come out		an eye on
soudain(e)	sudden	**suspendre**	to hang
soudain	suddenly	**se suspendre**	to hang on to

tabac (m)	tobacco
tabouret (m)	stool
tache (f)	spot
se taire	to be silent
Taisez-vous!	Be silent! Be quiet!
tandis que	while, whereas
tant	so much, very
tant mieux	so much the better
tard	late
plus tard	later
tâter	to feel
tel	
un tel, une telle	such a
temps (m)	time
de temps en temps	from time to time
en même temps	at the same time, both
pendant ce temps	in the meantime
tendre	to stretch
tenir	to hold, to keep
terminer	to finish
se terminer	to come to an end
terre (f)	earth, soil, ground
terriblement	terribly
terrorisé(e)	terrified
tête (f)	head
tête de mort	skull
tige (f)	stem
tirer	to pull; to shoot
toit (m)	roof
tombe (f)	tomb
tomber	to fall
ton (m)	tone
tonneau (m)	barrel
tonnerre (m)	thunder
tort	

avoir tort	to be wrong
toujours	always, still
pour toujours	forever
tour (m)	turn
à son tour	in turn, his/her turn
tourner	to turn
tousser	to cough
tout	everything, all
tout ce que	everything that
tout(e), tous, toutes	all, every
tous les deux	both
tout	completely
tout à coup	suddenly
tout de suite	immediately
traîner	to drag
tranquille	quiet, safe
trappe (f)	trap, trap door
travail (m)	work
travailler	to work
travers	
à travers	through
traverser	to cross
triste	sad
tristesse (f)	sadness
tromper	to deceive, to trick
tronc (m)	trunk
trop	too much, too many
trou (m)	hole
troublant(e)	disturbing
troubler	to disturb
trouver	to find, to think
se trouver	to be, to find oneself
elle trouverait	she would find
truc (m)	trick
tuer	to kill
se tuer	to kill oneself
elle se tuerait	she would kill herself
type (m)	fellow, guy

uniquement only
usé(e) worn (out)
utiliser to use

V

va see *aller*
vacances (f, pl) holidays, vacation
  passer ses vacances to spend one's vacation
vas-y! see *aller*
vengeance (f) revenge
venir to come
  venir de to have just
  il viendra he will come
  elle viendrait she would come
  ils viendraient they would come
  venu(e) came
ventre (m) stomach
ventriloque (m) ventriloquist
véritable real, true
vérité (f) truth
verre (m) glass
vers toward, about
verser to pay out
vicomte (m) viscount (French nobleman)
vide empty
vie (f) life
vieil(le) old
ville (f) town, city
vin (m) wine
violon (m) violin
visage (m) face
vivant(e) alive, living
vivre to live

voir to see
  tu verras you will see
voisin(e) neighboring, next-door
voix (f) voice
voler to steal
vouloir to want (to), to wish (to)
  vouloir bien to be willing, to accept
  vouloir dire to mean
  voulu(e) wanted
vrai(e) real, true
vraiment really

Y

y there
yeux (m, pl) eyes

NTC INTERMEDIATE FRENCH READING MATERIALS

Humor in French and English
French à la cartoon

High-Interest Readers
Suspense en Europe Series
  Mort à Paris
  Crime sur la Côte d'Azur
  Evasion en Suisse
  Aventure à Bordeaux
  Mystère à Amboise
Les Aventures canadiennes Series
  Poursuite à Québec
  Mystère à Toronto
  Danger dans les Rocheuses
Monsieur Maurice Mystery Series
  L'affaire des trois coupables
  L'affaire du cadavre vivant
  L'affaire des tableaux volés
  L'affaire québécoise
  L'affaire de la Comtesse enragée
Les Aventures de Pierre et de
  Bernard Series
  Le collier africain
  Le crâne volé
  Les contrebandiers
  Le trésor des pirates
  Le Grand Prix
  Les assassins du Nord

Intermediate Cultural History
Un coup d'oeil sur la France

Contemporary Culture in English
The French-Speaking World
Christmas in France
Focus on France
Focus on Belgium
Focus on Switzerland
Life in a French Town

Graded Readers
Petits contes sympathiques
Contes sympathiques

Adapted Classic Literature
Le bourgeois gentilhomme
Les trois mousquetaires
Le comte de Monte-Cristo
Candide ou l'optimisme
Colomba
Contes romanesques
Six contes de Maupassant
Pot-pourri de littérature française
Comédies célèbres
Cinq petites comédies
Trois comédies de Courteline
The Comedies of Molière
Le voyage de Monsieur Perrichon

Adventure Stories
Les aventures de Michel et de Julien
Le trident de Neptune
L'araignée
La vallée propre
La drôle d'équipe Series
  La drôle d'équipe
  Les pique-niqueurs
  L'invasion de la Normandie
  Joyeux Noël
Uncle Charles Series
  Allons à Paris!
  Allons en Bretagne!

Print Media Reader
Direct from France

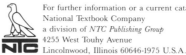

For further information or a current catalog, write:
National Textbook Company
a division of *NTC Publishing Group*
4255 West Touhy Avenue
Lincolnwood, Illinois 60646-1975 U.S.A.